Gesellschaftsformen

in

Europa und den USA

im Vergleich

Jürgen Neuberger

AUSSENHANDELSPOLITIK UND -PRAXIS

Herausgegeben von Prof. Dr. Jörn Altmann

Jürgen Neuberger

GESELLSCHAFTSFORMEN
IN EUROPA UND DEN USA IM VERGLEICH

ibidem-Verlag
Stuttgart

Bibliografische Information Der Deutschen Bibliothek

Die Deutsche Bibliothek verzeichnet diese Publikation in der Deutschen
Nationalbibliografie; detaillierte bibliografische Daten sind im Internet
über <http://dnb.ddb.de> abrufbar.

∞

Gedruckt auf alterungsbeständigem, säurefreien Papier
Printed on acid-free paper

ISBN: 3-89821-311-0

© *ibidem*-Verlag
Stuttgart 2003
Alle Rechte vorbehalten

Printed in Germany

Einleitung

1. Hintergrund und Zweck

1.1. Hintergrund

Die Kenntnis ausländischer Gesellschaftsformen wird immer wichtiger.

Wie die nachfolgende Tabelle zeigt, waren Haupt-Außenhandelspartner der Bundesrepublik Deutschland 2002 wie schon in den Jahren zuvor Frankreich, USA, Großbritannien und Italien.

	Deutschland			
	Exporte (aus der BRD in Mrd. EUR)		Importe (in die BRD in Mrd. EUR)	
	2002	**2001**	**2002**	**2001**
Frankreich	69,8	70,7	49,4	51,7
USA	66,6	67,3	40,0	45,4
Großbritannien	54,2	53,3	33,7	38,2
Italien	47,4	47,5	33,6	35,7

Auch wenn von 2001 zu 2002 ein leichter Rückgang des Außenhandels festzustellen ist, so wird der Außenhandel auch weiterhin eine wichtige Rolle im deutschen Wirtschaftsleben spielen.

Und aus einem weiteren Grund werden die ausländischen Gesellschaftsformen eine immer wichtigere Rolle spielen:

EuGH-Urteil "Überseering"

Der Europäische Gerichtshof (EuGH) hat in seinem Urteil "Überseering" vom 05.11.2002[1] entschieden, daß eine ausländische Kapitalgesellschaft unter

---

[1] Az.: Rs. C-208/00, abgedruckt in RIW Recht der internationalen Wirtschaft 2002, 945 ff. Vgl. darüber hinaus Handelsblatt, 06.11.2002, S. 4. Hinsichtlich der möglichen Folgen dieses Urteils ist auf Hirte, FAZ, 22.01.2003 hinzuweisen.
Dieses Urteil des EuGH kam nicht wirklich überraschend. Den Weg des EuGH über mehrere Entscheidungen hin zu diesem Urteil zeichnet Merkt nach in RIW Recht der internationalen Wirtschaft 2003, 458 ff. Darüber hinaus stellt Merkt die Folgen für das deutsche Gesellschaftsrecht sehr anschaulich dar, u.a. der Modernisierungsdruck auf das deutsche Gesellschaftsrecht.

Einleitung

bestimmten Umständen ihren Verwaltungssitz[1] nach Deutschland verlegen kann, ohne die deutschen Anforderungen an eine solche Gesellschaftsgründung erfüllen zu müssen. Begründet wird dies mit der in Artt. 43 und 48 EG-Vertrag garantierten Niederlassungsfreiheit. D.h. zukünftig kann grundsätzlich eine Gesellschaft z.b. in Großbritannien oder den Niederlanden nach den dortigen, wesentlich niedrigeren als den deutschen Voraussetzungen gegründet werden, die Gesellschaft kann aber ihren Sitz in Deutschland haben. Das würde bedeuten, es läge z.b. eine der GmbH vergleichbare Gesellschaft englischen oder niederländischen Rechts vor, die aber nicht über ein Mindest-Stammkapital von EUR 25.000 wie die deutsche GmbH, sondern über ein wesentlich niedriges Stammkapital verfügt - andererseits müßte diese z.b. englische "GmbH" dann aber auch die englischen Publizitätsanforderungen erfüllen, und diese englischen Publizitätsanforderungen sind wesentlich höher als die deutschen.

Zwar hat der EuGH entschieden, daß eine Verlegung des Sitzes möglich ist, aber über die Frage, ob die Haftung bei einer solchen Sitz-Verlegung weiterhin auf das Gesellschaftsvermögen beschränkt bleibt, hat er - noch (!) - nichts gesagt.

BGH-Urteil

Darüber hinaus wird auf ein Urteil des Bundesgerichtshofs (BGH) vom 29.01.2003 bzgl. der Verlegung des Verwaltungssitzes einer US-amerikanischen Kapitalgesellschaft nach Deutschland hingewiesen.[2] Der BGH hat mit diesem Urteil entschieden, daß eine Kapitalgesellschaft, die wirksam nach dem Recht des jeweiligen US-Bundesstaates gegründet wurde, ihren Verwaltungssitz nach Deutschland verlegen kann. Diese Kapitalgesellschaft verliert dabei nicht ihre Eigenschaft als Kapitalgesellschaft und kann als solche vor deutschen Gerichten auftreten. Der BGH hat sich dabei auf Art. XXV Abs. 5 Satz 2 des deutsch-amerikanischen Freundschafts-, Handels- und Schiffahrtsvertrags vom 29.10.1954 (BGBl. II 1956, 487 f.) berufen.

Wie der EuGH schweigt aber auch der BGH - leider - zu der hier doch vor allem interessierenden Frage, ob bei einer solchen Verlegung des Verwaltungssitzes nach Deutschland die Haftung auf das Gesellschaftsvermögen beschränkt bleibt.

---

[1] Also den Ort, an dem die die Gesellschaft betreffenden Entscheidungen getroffen und in die Tat umgesetzt werden. Der Verwaltungssitz wird auch als "effektiver Verwaltungssitz" oder einfach nur als "Sitz" bezeichnet.
[2] Az.: VIII ZR 155/02, abgedruckt u.a. in RIW Recht der internationalen Wirtschaft 2003, 473 ff.

Einleitung

Nach den bisherigen Urteilen dürfte aber eine Entscheidung hinsichtlich der (beschränkten) Haftung nicht mehr lange auf sich warten lassen.

1.2. Zweck

Ziel dieser Studie ist es, Nicht-Juristen, insbesondere Unternehmern, das deutsche und ausländische Recht bestehender Gesellschaften näher zu bringen. Bei der Darstellung wurde deshalb insbesondere auf die Sicht eines deutschen Unternehmers, dem eine der o.g. Gesellschaften als - potentieller - Geschäftspartner gegenübersteht, Wert gelegt. Nur beschränkt mag es demjenigen von Nutzen sein, der sich mit dem Gedanken der Gründung einer Auslandstochter in einer der dargestellten Formen trägt.[1]

2. Darstellungsweise

Oftmals sehen die Vorschriften eine Regelung vor, von der abgewichen werden kann. Die Juristen sprechen in diesem Falle von „dispositivem Recht", d.h. es kann per Vereinbarung abgeändert werden. Es wird hier nur dieses dispositve Recht beschrieben; Formulierungen wie „grundsätzlich" deuten hierauf hin.

Da diese Studie nur bereits bestehende Gesellschaften behandelt, wird auf die - oftmals sehr komplizierte - **Gesellschaftsgründung** nur insoweit eingegangen, wie es zur Beantwortung der nachfolgenden Fragenkreise erforderlich erschien.

Die Gesellschaftsformen werden unter folgenden Gesichtspunkten dargestellt:

2.1. Register und Firma

Hier soll die Frage beantwortet werden, wo man welche Information über welche Gesellschaft erhalten kann.

Anhand der Firma läßt sich schnell die Gesellschaftsform des Geschäftspartners erkennen und damit wiederum Rückschlüsse auf Publizitätsvorschriften, Vertretungs- und Haftungsfragen ziehen.

2.2. Geschäftsführung und Vertretung bzw. Organe

Hier werden Geschäftsführung und Vertretung bei den Personengesellschaften bzw. Organe (Gesellschafter-Versammlung, Geschäftsführung und ggf. Aufsichtsrat) bei den Kapitalgesellschaften dargestellt.

---

[1] Ihm sei das Buch von Lutter (Hrsg.), Die Gründung einer Auslandstochter, 1995, empfohlen, das sich aber vor allem an Juristen wendet.

Es wird gezeigt, wer (intern) zur Führung der Geschäfte und extern in welchem Umfang zur Vertretung der Gesellschaft bzw. zum Abschluß von Geschäften für die Gesellschaft berechtigt ist.

Bei Kapitalgesellschaften werden die Zuständigkeiten und das Zusammenspiel der Gesellschaftsorgane gezeigt.

2.3. Vermögen und Haftung

Die Zusammensetzung des Vermögens einer Gesellschaft inkl. ihres eventuellen Mindest-Kapitals wird dargestellt, insbesondere wird dabei auf die erlaubten Beiträge bzw. Einlagen der Gesellschafter eingegangen.

Weiterhin soll die Frage beantwortet werden, wer wie für die Verbindlichkeiten der Gesellschaft haftet und ob die Gesellschaft rechtsfähig ist. Da teilweise die Gesellschafter neben der Gesellschaft für die Gesellschaftsverbindlichkeiten haften, wird in diesem Rahmen auch auf die Frage eingegangen, wer Gesellschafter sein kann und somit ggf. für die Gesellschaftsverbindlichkeiten haftet. In manchen Ländern bestehen für Ein-Personen-Gesellschaften besondere Vorschriften, in anderen bestimmt das Gesetz die Höchstzahl der Gesellschafter.

2.4. Gesellschafter-Wechsel

Nur bei den Personengesellschaften wird hierauf eingegangen, da nur hier der Gesellschafter-Wechsel Einfluß auf die Haftungsgrundlage der Gesellschaftsgläubiger haben kann. Es werden knapp die Zustimmungserfordernisse zur Übertragung eines Gesellschaftsanteils dargestellt sowie die sich aus dem Ausscheiden bzw. Eintreten ergebenden Haftungsfolgen.

2.5. Rechnungslegung und Publizität

Es wird auf die Grundzüge der Rechnungslegung, nämlich den aus Bilanz, GuV sowie Anhang bestehenden Jahresabschluß sowie den Lagebericht eingegangen. Weiterhin wird darüber berichtet, inwiefern die Gesellschaften zur Offenlegung ihrer Interna verpflichtet sind und wo diese eingesehen werden können.

Zum einen gleichen sich die nationalen Vorschriften innerhalb der EU aufgrund zahlreicher Richtlinien immer mehr, zum anderen sind die noch bestehenden Unterschiede sehr fein. Da eine nähere Untersuchung dieser

Einleitung

Verhältnisse diese Studie gesprengt hätte, wurde nur auf die Grundzüge eingegangen.[1]

---

[1] Bzgl. Einzelheiten wird auf Schwappach (Hrsg.)/Hemmelrath, EU-Rechtshandbuch für
die Wirtschaft, 2. Auflage, München, 1996, § 36 Umsetzung der 4. EG-Richtlinie (Bilanz-
richtlinie) verwiesen.

Inhaltsverzeichnis

Teil 1. Tabellen

Teil 2. Kontinental-europäischer Rechtskreis

Kapitel 1. Deutschland

Inhaltsverzeichnis

Inhaltsverzeichnis

Inhaltsverzeichnis

Inhaltsverzeichnis

Inhaltsverzeichnis

Kapitel 3. Italien

Inhaltsverzeichnis

Inhaltsverzeichnis

Teil 3. Anglo-amerikanischer Rechtskreis

Kapitel 4. Großbritannien

Inhaltsverzeichnis

Inhaltsverzeichnis

Teil 1. Tabellen

Tabelle 1. Gesellschaft bürgerlichen Rechts (GbR)[1]

	Deutschland Gesellschaft bürgerlichen Rechts (GbR)	Frankreich Société civile (S.C.)	Italien Società Semplice (S.S.)
Register	Ist nicht Handelsregister-fähig.	Ist zum Handelsregister anzumelden, Gesellschaftsvertrag ist einzureichen.	Ist nicht Gesellschaftsregister-fähig.
Firma	Kann nicht firmieren, aber Namen tragen.	Sach-, Namens- oder Phantasie-Firma.	Kann nicht firmieren.
Geschäftsführung / Geschäftsführer (GF)	Nur Gesellschafter können Geschäfte führen (Selbstorganschaft). Grds.: Gesamt-Geschäftsführung.	Gesellschafter, Dritte und juristische Personen können als Geschäftsführer Geschäfte führen (Drittorganschaft). Grds.: GF kann alle im S.C.-Interesse liegende Geschäfte vornehmen.	Nur Gesellschafter können Geschäfte führen (Selbstorganschaft). Grds.: Einzel-Geschäftsführung.
Vertretung	Grds.: Richtet sich nach Geschäftsführung (= Gesamt-Vertretung).	Nur Einzel-Vertretung. GF-Handlung verpflichtet, soweit S.C.-Zweck. Dritten gegenüber kann Vertretungsmacht nicht eingeschränkt werden.	Grds.: Einzel-Vertretung, reicht nur soweit S.S.-Zweck.
Vermögen	Kein Mindest-Kapital.	Kein Mindest-Kapital.	Kein Mindest-Kapital.
Haftung	GbR-Vermögen haftet, daneben haften Gesellschafter gesamtschuldnerisch mit Privatvermögen.	S.C.-Vermögen haftet. Gesellschafter haften subsidiär quotal in Höhe ihrer Einlage mit Privatvermögen.	S.S.-Vermögen haftet. Subsidiär haften Gesellschafter gesamtschuldnerisch und unbeschränkt.

---

[1] Weder in **Großbritannien** noch in den **USA** gibt es eine vergleichbare Gesellschaftsform. In diesen Rechtsordnungen wird nicht zwischen GbR bzw. Einfacher Gesellschaft einerseits und der Handel-treibenden Offenen Handelsgesellschaft (OHG) unterschieden, sondern die Gesellschaftsform der Partnership umfasst beide vorgenannten Formen. Da die Partnerships in beiden Rechtsordnungen eher der deutschen OHG als der deutschen GbR ähnlich sind, sind die Partnerships in der Tabelle „Offene Handelsgesellschaft" zu finden.

	Deutschland Gesellschaft bürgerlichen Rechts (GbR)	Frankreich Société civile (S.C.)	Italien Società Semplice (S.S.)
Gesellschafter	Mindestens 2; Gesellschafter können sein: natürliche und juristische Personen sowie jede Personengesellschaft.	Mindestens 2; Gesellschafter können sein: natürliche und juristische Personen.	Mindestens 2; nur natürliche Personen können Gesellschafter sein.
Gesellschafter-Wechsel (ohne Haftungsfragen)	Grds.: Nur mit Zustimmung aller Gesellschafter.	Grds.: Nur mit Zustimmung aller Gesellschafter.	Nur mit Zustimmung aller Gesellschafter.
Rechnungslegung	Keine gesetzliche Pflicht.	GF hat Gesellschaftern Bericht über Geschäftsführung vorzulegen; Inhalt: Gewinn bzw. Verlust.	Pflicht zur jährlichen Bilanz-Aufstellung.
(finanzielle) Publizität	Keine gesetzliche Pflicht.	Keine gesetzliche Pflicht.	Keine gesetzliche Pflicht.

Tabelle 2. Stille Gesellschaft[1]

	Deutschland Stille Gesellschaft	Frankreich Société en participation[2]	Italien Associazione in partecipazione (Ass. in part.)
Register	Nur Komplementär (= Kaufmann) ist Handelsregister-fähig.	Ist nicht registerfähig.	Nur hinsichtlich des Komplementärs (= Unternehmer) sind einzelne Eintragungen in das bei den Landgerichten geführte Geschäftsstellen-Register möglich.
Firma	Nur Komplementär (= Kaufmann) firmiert.	Grds.: Keine Firma; bei Außen-Gesellschaft kann Firma vereinbart werden.	Nur Komplementär (= Unternehmer) firmiert.
Geschäftsführung / Geschäftsführer (GF)	Nur Komplementär (= Kaufmann) führt Geschäfte.	Grds.: Alle Gesellschafter führen Geschäfte. Auch Dritte können Geschäfte führen. Grds.: GF kann alle im Gesellschaftsinteresse liegenden Geschäfte vornehmen.	Nur Komplementär (= Unternehmer) führt Geschäfte.

[1] Weder in **Großbritannien** noch in den **USA** gibt es eine vergleichbare Gesellschaftsform. In diesen Rechtsordnungen wird nicht zwischen Personengesellschaften einerseits und der Stillen Gesellschaft unterschieden, sondern die Gesellschaftsform der Partnership umfaßt beide vorgenannten Formen und ermöglicht aufgrund ihrer Flexibilität die Errichtung einer der Stillen Gesellschaft ähnlichen Gesellschaft. Da die Partnerships in beiden Rechtsordnungen am ehesten der deutschen Offenen Handelsgesellschaft (OHG) ähnlich sind, sind die Partnerships in der Tabelle „Offene Handelsgesellschaft" zu finden.
[2] Eine allgemein übliche Abkürzung gibt es nicht. Die Société en participation wird in dieser Tabelle nur als reine Innen-Gesellschaft dargestellt, d.h. sie tritt nach außen im Geschäftsverkehr nicht als Gesellschaft auf. Eine nach außen als Gesellschaft auftretende Société en participation wird wie eine Société en Nom Collectif (S.N.C. [OHG]) behandelt, wenn sie ein Handelsgewerbe betreibt, anderenfalls wie eine Société Civile (S.C. [GbR]).

	Deutschland Stille Gesellschaft	Frankreich Société en participation	Italien Associazione in partecipazione (Ass. in part.)
Vertretung	Nur Komplementär (= Kaufmann) handelt nach außen.	Nur Einzel-Vertretung. Grds.: GF schließt Geschäfte im eigenen Namen ab.	Nur Komplementär (= Unternehmer) handelt nach außen.
Vermögen	Einlage des Stillen wird Eigentum des Komplementärs (= Kaufmann).	Kein eigenes Vermögen der Gesellschaft, sondern Gesamthand.	Einlage des Stillen wird Eigentum des Komplementärs (= Unternehmer).
Haftung	Nur Komplementär haftet.	Grds.: Nur Geschäft-abschließender Gesellschafter haftet. Normalerweise wird nur der Gesellschafter verpflichtet, der ein Geschäft abschließt (meist der bzw. einer der Geschäftsführer), von dieser Regel gibt es aber folgende Ausnahmen: ⋏ Sind alle Gesellschafter nach außen aufgetreten und einer von ihnen eine Verpflichtung eingegangen, so haften alle Gesellschafter. Bei einer Gesellschaft, die ein Handelsgewerbe betreibt, haften die Gesellschafter wie bei einer Société en Nom Collectif, andernfalls wie bei einer Société Civile, ⋏ ein Gesellschafter, der sich in die Geschäfte einmischt, haftet neben dem Geschäftsführer, ⋏ zieht ein Gesellschafter aus einem bestimmten Geschäft einen Gewinn, so wird er neben dem Geschäftsführer verpflichtet.	Nur Komplementär haftet.

	Deutschland Stille Gesellschaft	Frankreich Société en participation	Italien Associazione in partecipazione (Ass. in part.)
Gesellschafter	Grds.: jede natürliche und juristische Person sowie jede Personengesellschaft. GbR kann nicht Komplementär sein.	Grds.: jede natürliche und juristische Person. Bei Betrieb eines Handelsgewerbe kann S.C. [GbR] nicht Gesellschafterin sein.	Jede natürliche und juristische Person sowie jede Personengesellschaft.
Gesellschafter-Wechsel (ohne Haftungsfragen)	Grds.: Nur mit Zustimmung aller Gesellschafter.	Grds.: Nur mit Zustimmung aller Gesellschafter.	Grds.: Aufnahme weiterer stiller Gesellschafter nur mit Zustimmung des stillen Gesellschafters.
Rechnungslegung	Grds.: Jahresabschluß (= Bilanz, GuV) ist zu erstellen.	Ist Zweck Handelsgeschäft: Behandlung wie S.N.C. [OHG]: siehe dort.	Grds.: nein.
(finanzielle) Publizität	Bei eingetragenem Kaufmann (e.K., e.Kfm.) grds. nicht, i.ü. richtet sich Pflicht zur Publizität nach Rechtsform des Komplementärs.	Nein.	Pflicht zur Publizität richtet sich nach Rechtsform des Komplementärs.

Tabelle 3. Offene Handelsgesellschaft (OHG)

	Deutschland Offene Handelsgesellschaft (OHG)	Frankreich Société en Nom Collectif (S.N.C.)	Italien Società in Nome Collettivo (S.N.C.)
Register	Ist zum Handelsregister anzumelden.	Ist zum Handelsregister anzumelden, Gesellschaftsvertrag ist einzureichen.	Ist zum Gesellschaftsregister anzumelden, Gesellschaftsvertrag ist einzureichen.
Firma	Sach-, Namens- oder Phantasiefirma inkl. Gesellschaftsbezeichnung, auch abgekürzt.	Sach-, Namens- oder Phantasiefirma inkl. Gesellschaftsbezeichnung, auch abgekürzt.	Nur Namensfirma inkl. Gesellschaftsbezeichnung, auch abgekürzt.
Geschäftsführung / Geschäftsführer (GF)	Nur Gesellschafter können Geschäfte führen (Selbstorganschaft). Grds.: Einzel-Geschäftsführung. Grds.: Geschäftsführung umfaßt gewöhnliche, vom Gesellschaftszweck umfaßte Geschäfte.	Grds.: Gesellschafter führen Geschäfte. Dritte, auch juristische Personen, können Geschäfte führen (Drittorganschaft). Grds.: Einzel-Geschäftsführung, andere GF haben Widerspruchsrecht. GF kann alle im S.N.C.-Interesse liegenden Geschäfte vornehmen.	Nur Gesellschafter können Geschäfte führen (Selbstorganschaft). Grds.: Einzel-Geschäftsführung, andere GF haben Widerspruchsrecht. GF kann alle im S.N.C.-Interesse liegenden Geschäfte vornehmen.
Vertretung	Einzel-Vertretung, anderes kann vereinbart werden, muß aber zur Wirksamkeit gegenüber Dritten ins Handelsregister. Vertretungsmacht ist nicht beschränkbar.	Nur Einzel-Vertretung. GF-Handlung verpflichtet, soweit S.N.C.-Gegenstand. Dritten gegenüber kann Vertretungsmacht nicht eingeschränkt werden. GF-Widerspruch kann kenntnislosem Dritten nicht entgegengehalten werden.	Grds. Einzel-Vertretung. Vertretungsmacht kann beschränkt werden, Beschränkung muss aber in Gesellschaftsregister eingetragen sein.

	Deutschland Offene Handelsgesellschaft (OHG)	Frankreich Société en Nom Collectif (S.N.C.)	Italien Società in Nome Collettivo (S.N.C.)
Vermögen	OHG hat eigenes Vermögen, aber kein Mindest-Kapital.	S.N.C. hat eigenes Vermögen, aber kein Mindest-Kapital.	S.N.C. hat eigenes Vermögen, aber kein Mindest-Kapital.
Haftung	OHG-Vermögen haftet, daneben haften Gesellschafter gesamtschuldnerisch mit Privatvermögen.	S.N.C.-Vermögen haftet, daneben haften Gesellschafter gesamtschuldnerisch mit Privatvermögen, wenn S.N.C. min. 8 Tage in Verzug.	S.N.C.-Vermögen haftet, Gesellschafter haften subsidiär gesamtschuldnerisch mit Privatvermögen.
Gesellschafter	Mindestens 2, Gesellschafter können sein: natürliche und juristische Personen sowie Personengesellschaften, aber nicht GbR.	Mindestens 2, Gesellschafter können sein: natürliche bzw. juristische Personen.	Mindestens 2, Gesellschafter können sein: natürliche und juristische Personen sowie Personengesellschaften, aber nicht S.S. [GbR].
Gesellschafter-Wechsel (ohne Haftungsfragen)	Grds.: Nur mit Zustimmung aller Gesellschafter. Wechsel ist in Handelsregister einzutragen.	Zwingend: Nur mit Zustimmung aller Gesellschafter. Wechsel ist in Handelsregister einzutragen.	Grds.: Nur mit Zustimmung aller Gesellschafter.
Rechnungslegung	Grds.: Jahresabschluß ohne Anhang und Lagebericht ist zu erstellen.	GF hat Jahresabschluß und Lagebericht binnen 6 Monaten nach Ablauf des Geschäftsjahrs der Gesellschafter-Versammlung zur Feststellung vorzulegen.	Pflicht zur jährlichen Bilanz-Aufstellung.
(finanzielle) Publizität	Grds.: Keine gesetzliche Pflicht.	Keine gesetzliche Pflicht.	Keine gesetzliche Pflicht.

	Deutschland Offene Handelsgesellschaft (OHG)	Großbritannien (General) Partnership	USA (General) Partnership
Register	Ist zum Handelsregister anzumelden.	Nicht registerfähig.	Kann sich beim Secretary of State (Innen-Ministerium) des jeweiligen Bundesstaates registrieren lassen.
Firma	Sach-, Namens- oder Phantasiefirma inkl. Gesellschaftsbezeichnung, auch abgekürzt.	Namens-, Geschäftszweig oder Phantasie-Firma.	In manchen Bundesstaaten dürfen Nicht-Gesellschafter nicht in Firma geführt werden.
Geschäftsführung	Nur Gesellschafter können Geschäfte führen. Grds.: Einzel-Geschäftsführung. Grds.: Geschäftsführung umfaßt gewöhnliche, vom Gesellschaftszweck umfaßte Geschäfte.	Nur Gesellschafter können Geschäfte führen (Selbstorganschaft). Grds.: Gesamt-Geschäftsführung.	Nur Gesellschafter können Geschäfte führen (Selbstorganschaft). Grds.: Gesamt-Geschäftsführung.
Vertretung	Einzel-Vertretung, anderes kann vereinbart werden, muß aber zur Wirksamkeit gegenüber Dritten ins Handelsregister. Vertretungsmacht ist nicht beschränkbar.	Grds.: Einzel-Vertretung für gewöhnliche Geschäfte (bei trading partnership: Darlehensvertrag, Kreditsicherheiten, Wechsel-Verbindlichkeiten, nicht: Bürgschaft, Schiedsvertrag).	Grds.: Einzel-Vertretung für offensichtlich gewöhnliche Geschäfte. Bei Grundstücksgeschäften Einschränkung bei „Grundbuchamt" möglich.
Vermögen	Kein Mindest-Kapital.	Kein Mindest-Kapital.	Kein Mindest-Kapital.

	Deutschland Offene Handelsgesellschaft (OHG)	Großbritannien (General) Partnership	USA (General) Partnership
Haftung	OHG-Vermögen haftet, daneben haften Gesellschafter gesamtschuldnerisch mit Privatvermögen.	Gesellschaftsvermögen haftet. Daneben haftet jeder Gesellschafter gesamtschuldnerisch mit Privatvermögen, wenn Verbindlichkeit während seiner Mitgliedschaft entstanden.	Gesellschaftsvermögen haftet. Daneben haftet jeder Gesellschafter gesamtschuldnerisch mit Privatvermögen, wenn besonderes Urteil gegen ihn vorliegt und Vollstrekkung in Gesellschaftsvermögen mangels Masse erfolglos.
Gesellschafter	Mindestens 2. Gesellschafter können sein: natürliche und juristische Personen sowie Personengesellschaften, aber nicht GbR.	Grds.: min. 2, max. 20, Gesellschafter können sein: natürliche und juristische Personen.	Mindestens 2. Gesellschafter können sein: natürliche und juristische Personen sowie Personengesellschaften.
Gesellschafter-Wechsel (ohne Haftungsfragen)	Grds.: Nur mit Zustimmung aller Gesellschafter. Wechsel ist in Handelsregister einzutragen.	Grds.: Nur mit Zustimmung aller Gesellschafter.	Gesellschafter-Wechsel wie nach kontinental-europäischem Verständnis nicht möglich.
Rechnungslegung	Grds.: Jahresabschluß ohne Anhang und Lagebericht ist zu erstellen.	Keine gesetzliche Pflicht.	Keine gesetzliche Pflicht.
(finanzielle) Publizität	Grds.: Keine gesetzliche Pflicht.	Keine gesetzliche Pflicht.	Keine gesetzliche Pflicht.

Tabelle 4. Kommanditgesellschaft (KG)

	Deutschland Kommanditgesellschaft (KG)	Frankreich Société en Commandite Simple (S.C.S.)	Italien Società in Accomandita Semplice (S.A.S.)
Register	Ist zum Handelsregister anzumelden.	Ist zum Handelsregister anzumelden, Gesellschaftsvertrag ist einzureichen.	Ist zum Gesellschaftsregister anzumelden, u.a. Gesellschaftsvertrag ist einzureichen.
Firma	Muß nicht Namen eines Gesellschafters enthalten, aber „Kommanditgesellschaft", auch abgekürzt.	Wie S.N.C. [OHG], i.ü. kann auch Kommanditist in Firma erscheinen, ohne Kommanditisten-Stellung zu verlieren.	Enthält Namen eines oder mehrerer Gesellschafter sowie Gesellschaftsbezeichnung, auch abgekürzt. Erscheint Kommanditist in Firma, haftet er wie Komplementär.
Geschäftsführung / Geschäftsführer (GF)	Grds.: Einzel-Geschäftsführung durch Komplementäre (Selbstorganschaft). Kommanditisten kann Geschäftsführungsbefugnis erteilt werden. Grds.: Geschäftsführung umfaßt gewöhnliche, vom Gesellschaftszweck umfaßte Geschäfte.	Einzel-Geschäftsführung durch Komplementäre, Dritte und juristische Personen (Drittorganschaft), andere GF haben Widerspruchsrecht, keinesfalls Kommanditisten (Einmischungsverbot). Grds.: GF kann alle im S.C.S.-Interesse liegenden Geschäfte vornehmen.	Grds.: Einzel-Geschäftsführung durch Komplementäre (Selbstorganschaft). Kommanditisten können unter Aufsicht eines Komplementärs an Geschäftsführung mitwirken.

	Deutschland Kommanditgesellschaft (KG)	Frankreich Société en Commandite Simple (S.C.S.)	Italien Società in Accomandita Semplice (S.A.S.)
Vertretung	Grds.: Einzel-Vertretung durch Komplementär, andere Vereinbarung muss zur Wirksamkeit gegenüber Dritten ins Handelsregister. Vertretungsmacht ist unbeschränkbar.	Nur Einzel-Vertretung durch GF. GF-Handlung verpflichtet, soweit S.C.S.-Gegenstand. Dritten gegenüber kann Vertretungsmacht nicht eingeschränkt werden. GF-Widerspruch kann kenntnislosem Dritten nicht entgegengehalten werden.	Grds. Einzel-Vertretung durch Komplementär. Vertretungsmacht kann beschränkt werden, muß aber in Gesellschaftsregister eingetragen sein.
Vermögen	Kein Mindest-Kapital.	Kein Mindest-Kapital.	Kein Mindest-Kapital.
Haftung	Komplementär haftet wie OHG-Gesellschafter. Kommanditist haftet nur in Höhe seiner Einlage.	Komplementär haftet wie S.N.C.-[OHG] Gesellschafter. Kommanditist haftet grds. nur in Höhe seiner Einlage. Hat sich Kommanditist in S.C.S.-Geschäfte eingemischt, haftet er wie Komplementär.	Komplementär haftet wie S.N.C.-Gesellschafter. Kommanditist haftet nur in Höhe seiner Einlage.
Gesellschafter	Mindestens 1 Komplementär und 1 Kommanditist. Sowohl jede natürliche als auch juristische Person, auch Personengesellschaft, aber nicht GbR.	Mindestens 1 Komplementär und 1 Kommanditist. Sowohl jede natürliche als auch juristische Person, S.C. [GbR] kann nicht Komplementär sein.	Mindestens 1 Komplementär und 1 Kommanditist. Sowohl jede natürliche als auch juristische Person, auch Personengesellschaft, aber nicht S.S. [GbR].

	Deutschland Kommanditgesellschaft (KG)	Frankreich Société en Commandite Simple (S.C.S.)	Italien Società in Accomandita Semplice (S.A.S.)
Gesellschafter-Wechsel (ohne Haftungsfragen)	Grds.: Nur mit Zustimmung aller Gesellschafter.	Grds.: Bei Komplementär nur mit Zustimmung aller Gesellschafter; bei Kommanditist Zustimmung aller Komplementäre und der Mehrheit der Kommanditisten nach Köpfen und Kapitalanteilen erforderlich.	Grds.: Bei Komplementär nur mit Zustimmung aller Gesellschafter; bei Kommanditist nur mit Gesellschafter-Mehrheit nach Kapitalanteilen.
Rechnungslegung	Grds.: Jahresabschluß (= Bilanz, GuV) ist zu erstellen.	GF hat Jahresabschluß (=Bilanz, GuV, Anhang) und Lagebericht binnen 6 Monaten nach Ablauf des Geschäftsjahrs der Gesellschafter-Versammlung zur Feststellung vorzulegen.	Pflicht zur jährlichen Bilanz-Aufstellung.
(finanzielle) Publizität	Grds.: Keine gesetzliche Pflicht.	Keine gesetzliche Pflicht.	Keine gesetzliche Pflicht.

	Deutschland Kommanditgesellschaft (KG)	Großbritannien Limited Partnership	USA Limited Partnership
Register	Ist zum Handelsregister anzumelden.	Eintragung in Gesellschaftsregister.	Eintragung in Register (führt zumeist Secretary of State [Innen-Ministerium]).
Firma	Muss nicht Namen eines Gesellschafters enthalten, aber „Kommanditgesellschaft", auch abgekürzt.	Namens-, Geschäftszweig oder Phantasie-Firma sein.	Muß nach neuem Recht unabgekürzt „limited partnership", darf nicht Namen eines Kommanditisten enthalten.
Geschäftsführung	Grds.: Einzel-Geschäftsführung durch Komplementäre (Selbstorganschaft). Kommanditisten kann Geschäftsführungsbefugnis erteilt werden. Grds.: Geschäftsführung umfaßt gewöhnliche, vom Gesellschaftszweck umfaßte Geschäfte.	Grds.: Gesamt-Geschäftsführung der Komplementäre (Selbstorganschaft), Kommanditisten sind von Geschäftsführung ausgeschlossen. Führt Kommanditist Geschäft, dann Haftung wie Komplementär.	Grds.: Gesamt-Geschäftsführung der Komplementäre (Selbstorganschaft), Kommanditisten sind von Geschäftsführung ausgeschlossen. Führt Kommanditist Geschäft, dann Haftung wie Komplementär.
Vertretung	Grds.: Einzel-Vertretung durch Komplementär, andere Vereinbarung muss zur Wirksamkeit gegenüber Dritten ins Handelsregister. Vertretungsmacht ist unbeschränkbar.	Grds.: Einzel-Vertretung durch Komplementär für gewöhnliche Geschäfte (bei trading partnership: Darlehensvertrag, Kreditsicherheiten, Wechsel-Verbindlichkeiten, nicht: Bürgschaft, Schiedsvertrag).	Grds.: Einzel-Vertretung durch Komplementär für offensichtlich gewöhnliche Geschäfte. Bei Grundstücksgeschäften Einschränkung bei „Grundbuchamt" möglich.

	Deutschland Kommanditgesellschaft (KG)	Großbritannien Limited Partnership	USA Limited Partnership
Vermögen	Kein Mindest-Kapital.	Kein Mindest-Kapital.	Kein Mindest-Kapital.
Haftung	Komplementär haftet wie OHG-Gesellschafter. Kommanditist haftet nur in Höhe seiner Einlage.	Gesellschaftsvermögen haftet. Daneben haftet jeder Komplementär gesamtschuldnerisch mit Privatvermögen, wenn Verbindlichkeit während seiner Mitgliedschaft entstanden. Kommanditist haftet nur in Höhe seiner Einlage.	Gesellschaftsvermögen haftet. Daneben haftet jeder Komplementär gesamtschuldnerisch mit Privatvermögen, wenn Verbindlichkeit während seiner Mitgliedschaft entstanden. Kommanditist haftet nur in Höhe seiner Einlage.
Gesellschafter	Mindestens 1 Komplementär und 1 Kommanditist. Sowohl jede natürliche als auch juristische Person, auch Personengesellschaft, aber nicht GbR.	Grds.: min. 2, max. 20, Gesellschafter können sein: natürliche bzw. juristische Personen.	Min. 1 Komplementär, der auch Kapitalgesellschaft sein kann, und 1 Kommanditist.
Gesellschafter-Wechsel (ohne Haftungsfragen)	Grds.: Nur mit Zustimmung aller Gesellschafter.	Grds.: Nur mit Zustimmung aller Gesellschafter.	Grds.: Nur mit Zustimmung aller Gesellschafter.
Rechnungslegung	Grds.: Jahresabschluß (= Bilanz, GuV) ist zu erstellen.	Keine gesetzliche Pflicht.	Keine gesetzliche Pflicht.
(finanzielle) Publizität	Grds.: Keine gesetzliche Pflicht.	Keine gesetzliche Pflicht.	Keine gesetzliche Pflicht.

Tabelle 5. GmbH & Co. KG

	Deutschland GmbH & Co. KG	USA Limited Liability Company (LLC)
Register	Ist zum Handelsregister anzumelden.	Eintragung in Register (führt zumeist Secretary of State [Innen-Ministerium]).
Firma	Muß nicht Namen eines Gesellschafters enthalten, aber „GmbH & Co. KG" oder ähnlich.	Darf Namen eines Gesellschafters oder Geschäftsführers, muß „Limited Liability Company" oder „LLC" enthalten.
Geschäftsführung	Grds.: Einzel-Geschäftsführung der Geschäftsführer der Komplementär-GmbH. Kommanditisten kann Geschäftsführungsbefugnis erteilt werden.	Grds.: Gesamt-Geschäftsführung der Gesellschafter. Geschäftsführung kann auch auf Geschäftsführer übertragen werden.
Vertretung	Grds.: Einzel-Vertretung durch Geschäftsführer der Komplementär-GmbH, andere Vereinbarung muss zur Wirksamkeit gegenüber Dritten ins Handelsregister. Vertretungsmacht ist unbeschränkbar.	Grds.: Einzel-Vertretung durch Gesellschafter für offensichtlich gewöhnliche Geschäfte. Auch externe Geschäftsführer besitzen grds. Einzel-Vertretungsmacht.
Vermögen	Stamm-Kapital der Komplementär-GmbH (min. EUR 25'000) sowie Kommanditisten-Einlage.	Kein Mindest-Kapital.
Haftung	GmbH & Co. KG haftet mit ihrem Gesellschaftsvermögen, daneben haftet Komplementär-GmbH mit ihrem Vermögen, Kommanditist haftet nur in Höhe seiner Einlage.	Nur Gesellschaftsvermögen haftet.
Gesellschafter	Mindestens 1 Komplementär-GmbH und 1 Kommanditist. Kommanditist: Sowohl jede natürliche als auch juristische Person, auch Personengesellschaft.	Grds.: Min. 2 natürliche oder juristische Personen; auch Personengesellschaften und LLC's.
Gesellschafter-Wechsel (hier ohne Haftungsfragen)	Grds.: Nur mit Zustimmung aller Gesellschafter.	Grds.: In den meisten Bundesstaaten nur mit Zustimmung aller Gesellschafter.

	Deutschland GmbH & Co. KG	USA Limited Liability Company (LLC)
Rechnungslegung	Wie Kapitalgesellschaft; größenabhängig (Bilanzsumme, Umsatz, Anzahl Arbeitnehmer): min. Bilanz, GuV & Anhang, ggf. Lagebericht.	Keine gesetzliche Pflicht
(finanzielle) Publizität	Einreichung der Unterlagen zum Handelsregister unverzüglich nach Vorlage gegenüber Gesellschaftern, spätestens 12 Monate nach Geschäftsjahr-Ende.	Keine gesetzliche Pflicht

Tabelle 6. Aktiengesellschaft (AG)

	Deutschland Aktiengesellschaft (AG)	Frankreich Société Anonyme (S.A.)	Italien Società per Azioni (S.p.A.)
Register	Eintragung: Firma, Sitz, Unternehmensgegenstand, Höhe des Grundkapitals, Vertretungsbefugnis der Vorstandsmitglieder. Einreichung: u.a. notarielle Satzung.	Eintragung (u.a.): Firma, Sitz, Unternehmensgegenstand, Höhe des Grundkapitals. Einreichung: u.a. Satzung.	Eintragung: Firma, Sitz, Unternehmensgegenstand, Höhe des Grundkapitals, Vertretungsbefugnis der Vorstandsmitglieder. Einreichung: u.a. notarielle Satzung.
Firma	Namen-, Sach- oder Phantasiefirma inkl. Gesellschaftsbezeichnung, auch abgekürzt.	Namen-, Sach- oder Phantasiefirma inkl. Gesellschaftsbezeichnung, auch abgekürzt; Grundkapital-Höhe muß angegeben werden.	Namen- oder Sachfirma in kl. Gesellschaftsbezeichnung, auch abgekürzt.
Hauptversammlung	Spätestens 8 Monate nach Geschäftsjahr-Ende. U.a.: wählt Mitglieder des Aufsichtsrates, entscheidet über Bilanzgewinn-Verwendung, entlastet Vorstand und Aufsichtsrat, bestellt Abschlußprüfer.	(Assemblée Générale des Actionaires) Spätestens 6 Monate nach Geschäftsjahr-Ende. Prüft und genehmigt Jahresabschluß, entscheidet über Gewinn-Verwendung, ernennt Mitglieder Verwaltungs- bzw. Aufsichtsrat sowie Abschlußprüfer und beruft diese ab.	(Assemblea dei Soci) Spätestens 6 Monate nach Geschäftsjahr-Ende. Genehmigt Jahresabschluß, entscheidet über Gewinn-Verwendung, ernennt Mitglieder Verwaltungs- bzw. Aufsichtsrat und beruft diese ab.

	Deutschland Aktiengesellschaft (AG)	Frankreich Société Anonyme (S.A.)	Italien Società per Azioni (S.p.A.)
Geschäftsführung	Vorstand hat grds. Gesamt-Geschäftsführung und unbeschränkbare Gesamt-Vertretung. Vornahme von Geschäften von grundlegender Bedeutung nur mit Zustimmung des Aufsichtsrats.	**Monistisches System**: Verwaltungsrat (Conseil d'Administration) führt unter Leitung des Verwaltungsratspräsidenten (Président du Conseil) Geschäfte, vertritt S.A. (franz. Recht kennt nur Einzel-Vertretung) und kontrolliert. Verwaltungsrat kann Kompetenzen auf Generaldirektion übertragen. Früher war Präsident automatisch Vorsitzender der Generaldirektion (Generaldirektor) in Personalunion ("Président Directeur Général"). Seit Mai 2001 bevorzugt das franz. Recht die personelle Trennung dieser beiden Ämter; somit Annäherung an deutsches Modell. Vertretungsbefugnisse können nach außen nicht eingeschränkt werden. **Dualistisches System** (ähnlich dem deutschen) wenig verbreitet.	Hinsichtlich Führung der S.p.A. gibt es seit kurzem ein Wahlrecht unter den 3 folgenden Systemen: **Traditionelles System**: Verwaltungsrat (Consiglio de Amministrazione) führt Geschäfte, vertritt S.p.A. Kann Kompetenzen teilweise auf einzelne Verwalter und Verwaltungs- bzw. Vollzugsausschuß (Comitato Esecutivo) übertragen. Im Zweifel Einzel-Vertretung, Vertretungsbefugnisse können nach außen nicht eingeschränkt werden. **Dualistisches System**: ähnlich der AG. **Britisches System**: System der PLC (siehe dort).

	Deutschland Aktiengesellschaft (AG)	Frankreich Société Anonyme (S.A.)	Italien Società per Azioni (S.p.A.)
Aufsichtsrat	U.a.: bestellt, überwacht und entläßt Vorstand, stimmt bestimmten Maßnahmen des Vorstands zu, prüft Jahresabschluß und stellt diesen fest.	Nur bei Dualistischem System, siehe oben unter „Geschäftsführung".	(Collegio Sindacale) Besteht aus Rechnungsprüfern (Revisori Contabili), die grds. zugleich Abschlußprüfer. Prüft Buchhaltung und Jahresabschluß, berät und kontrolliert Geschäftsführung.
Vermögen (inkl. Mindest-Grundkapital)	Mindest-Grundkapital: EUR 50'000. Grundkapital zzgl. gesetzliche Rücklage (10% vom Grundkapital).	Mindest-Grundkapital: EUR 37'000. Grundkapital zzgl. gesetzliche Rücklage (10% vom Grundkapital).	Mindest-Grundkapital: EUR 100'000. Grundkapital zzgl. gesetzliche Rücklage (20% vom Grundkapital).
Haftung (inkl. Rechtsfähigkeit)	Nur AG-Vermögen haftet. AG ist juristische Person ab Eintragung ins Handelsregister.	Nur S.A.-Vermögen haftet. S.A. ist juristische Person ab Eintragung ins Handelsregister.	Nur S.p.A.-Vermögen haftet (außer bei 1-Personen-S.p.A.). S.p.A. ist juristische Person ab Eintragung ins Gesellschaftsregister.
Gesellschafter	1 oder mehrere; Gesellschafter können sein: natürliche und juristische Personen sowie Personengesellschaften.	1 oder mehrere natürliche bzw. grds. auch juristische Person (auch Personengesellschaft).	1 oder mehrere; Gesellschafter können sein: natürliche und juristische Personen sowie Personengesellschaften.

	Deutschland Aktiengesellschaft (AG)	Frankreich Société Anonyme (S.A.)	Italien Società per Azioni (S.p.A.)
Rechnungslegung	Größenabhängig (Bilanzsumme, Umsatz, Anzahl Arbeitnehmer): min. Bilanz, GuV & Anhang, ggf. Lagebericht.	Jahresabschluß (= Bilanz, GuV, Anhang) und Lagebericht, dem Ergebnisse der letzten 5 Jahre beizufügen sind.	Größenabhängig (Bilanzsumme, Umsatz, Anzahl Arbeitnehmer): min. Bilanz, GuV & Anhang, ggf. Lagebericht.
(finanzielle) Publizität	Einreichung der Unterlagen zum Handelsregister unverzüglich nach Vorlage gegenüber Aktionären, spätestens 12 Monate nach Geschäftsjahr-Ende.	U.a. Jahresabschluß und Lagebericht sind 1 Monat nach Hauptversammlung bei Handelsregister einzureichen.	Jahresabschluß, Lage- und Aufsichtsrat-Bericht sind 30 Tage nach Hauptversammlung bei Gesellschaftsregister einzureichen.

	Deutschland Aktiengesellschaft (AG)	Großbritannien Public (Limited) Company (PLC)	USA Public Corporation
Register	Eintragung: Firma, Sitz, Unternehmensgegenstand, Höhe des Grundkapitals, Vertretungsbefugnis der Vorstandsmitglieder. Einreichung: u.a. notarielle Satzung.	Eintragung (u.a.): Firma, Sitz, Höhe des ‚Grundkapitals'. Einreichung: u.a. schriftliche Satzung.	Einreichung: schriftliche Satzung.
Firma	Namen-, Sach- oder Phantasiefirma inkl. Gesellschaftsbezeichnung, auch abgekürzt.	Namen-, Sach- oder Phantasiefirma, die „public limited company" oder als Abkürzung „PLC" enthalten muß.	Namen-, Sach- oder Phantasiefirma, die „Incorporated" oder als Abkürzung „Inc." bzw. „corporation" / „corp.", „company" / "Co." sowie "limited" / "Ltd." enthalten muß.
Hauptversammlung	Spätestens 8 Monate nach Geschäftsjahr-Ende. U.a.: wählt Mitglieder des Aufsichtsrates, entscheidet über Bilanzgewinn-Verwendung, entlastet Vorstand und Aufsichtsrat, bestellt Abschlußprüfer.	(Annual General Meeting) Einmal jährlich. Nimmt Jahresabschluß und Geschäftsbericht entgegen, ernennt Mitglieder Verwaltungsrat sowie Abschlußprüfer und beruft diese ab.	(Annual General Meeting) Einmal jährlich. Ernennt Mitglieder Verwaltungsrat und beruft diese ab.

	Deutschland Aktiengesellschaft (AG)	Großbritannien Public (Limited) Company (PLC)	USA Public Corporation
Geschäftsführung	Vorstand hat grds. Gesamt-Geschäftsführung und unbeschränkbare Gesamt-Vertretung. Vornahme von Geschäften von grundlegender Bedeutung nur mit Zustimmung des Aufsichtsrats.	Verwaltungsrat (Board of Directors) führt Geschäfte und vertritt PLC (Gesamt-Geschäftsführung und -Vertretung). Stellt Jahresabschluß fest. Kann Kompetenzen auf Mitglieder (Managing Director mit Einzel-Vertretung) und Ausschüsse übertragen. Vertretungsbefugnisse können nach außen nicht eingeschränkt werden.	Verwaltungsrat (Board of Directors) legt Leitlinien der Geschäftspolitik fest. Mitglieder besitzen Gesamt-Vertretungsmacht. Tägliche Verwaltungs- und Organisationsaufgaben werden auf Leitende Angestellte (Officers) übertragen, die für ihr Ressort Einzel-Vertretungsmacht besitzen, ihr Vorsitzender (CEO Chief Executive Officer) besitzt ressort-übergreifende Einzel-Vertretungsmacht. Meist ist Verwaltungsrat-Vorsitzender (Chairman) zugleich CEO in Personalunion. Neuere Entwicklungen wollen – ähnlich wie in Frankreich (s.o.) - diese Personalunion aufgeben und somit dem deutschen Modell annähern.
Aufsichtsrat	U.a.: bestellt, überwacht und entlässt Vorstand, stimmt bestimmten Maßnahmen des Vorstands zu, prüft Jahresabschluss und stellt diesen fest.	Nein.	Nein.
Vermögen (inkl. Mindest-Grundkapital)	Mindest-Grundkapital: EUR 50'000. Grundkapital zzgl. gesetzliche Rücklage (10% vom Grundkapital).	Mindest-Nominalkapital: 50.000 GBP. Keine gesetzliche Rücklage.	Kein Mindest-Grundkapital. Keine gesetzliche Rücklage.

	Deutschland Aktiengesellschaft (AG)	Großbritannien Public (Limited) Company (PLC)	USA Public Corporation
Haftung (inkl. Rechtsfähigkeit)	Nur AG-Vermögen haftet. AG ist juristische Person ab Eintragung ins Handelsregister.	Nur PLC-Vermögen haftet. PLC ist juristische Person ab Eintragung ins Gesellschaftsregister.	Grds.: Nur Inc.-Vermögen haftet. Unter besonderen Voraussetzungen Durchgriffshaftung.
Gesellschafter	1 oder mehrere; Gesellschafter können sein: natürliche und juristische Personen sowie Personengesellschaften.	Min. 2, jede natürliche und juristische Person (aber nicht Partnership). Wird PLC zur 1-Mann-Gesellschaft, haftet Allein-Gesellschafter für Gesellschaftsverbindlichkeiten.	1 oder mehrere natürliche und juristische Person.
Rechnungslegung	Größenabhängig (Bilanzsumme, Umsatz, Anzahl Arbeitnehmer): min. Bilanz, GuV & Anhang, ggf. Lagebericht.	Jahresabschluß (= Bilanz, GuV, Anhang) und Geschäftsbericht.	Gesetzlich in den wenigsten Bundesstaaten vorgeschrieben.
(finanzielle) Publizität	Einreichung der Unterlagen zum Handelsregister unverzüglich nach Vorlage gegenüber Aktionären, spätestens 12 Monate nach Geschäftsjahr-Ende.	Jahresabschluß und Geschäftsbericht sind 7 Monate nach Geschäftsjahr-Ende bei Gesellschaftsregister einzureichen.	Nein.

Tabelle 7. Gesellschaft mit beschränkter Haftung (GmbH)

	Deutschland Gesellschaft mit beschränkter Haftung (GmbH)	Frankreich Société à Responsabilité Limitée (S.A.R.L.)	Italien Società a Responsabilità Limitata (S.R.L.)
Register	Eintragung: Firma, Sitz, Unternehmensgegenstand, Höhe Stammkapital, Vertretungsbefugnis der Geschäftsführer. Einreichung: u.a. notarielle Satzung.	Eintragung (u.a.): Firma, Sitz, Unternehmensgegenstand, Höhe Stammkapital. Einreichung: u.a. Satzung.	Ist zum Gesellschaftsregister anzumelden, Satzung ist einzureichen.
Firma	Namen-, Sach- oder Phantasiefirma, die Gesellschaftsbezeichnung, auch abgekürzt, enthalten muß.	Namen-, Sach- oder Phantasiefirma, die Gesellschaftsbezeichnung, auch abgekürzt, enthalten muß; Stammkapital-Höhe muß angegeben werden.	Namen- oder Sachfirma inkl. Gesellschaftsbezeichnung, auch abgekürzt.
Gesellschafter-Versammlung	Spätestens 8 bzw. 11 Monate nach Geschäftsjahr-Ende. U.a.: Beschließt über Jahresabschluß und Gewinn-Verwendung, bestellt Geschäftsführer sowie Abschlußprüfer und beruft diese ab.	Spätestens 6 Monate nach Geschäftsjahr-Ende. Stellt Jahresabschluß fest, bestellt Geschäftsführer sowie Rechnungsprüfer und beruft diese ab.	Spätestens 6 Monate nach Geschäftsjahr-Ende. Genehmigt Jahresabschluß, entscheidet über Gewinn-Verwendung, ernennt Mitglieder Verwaltungs- bzw. Aufsichtsrat und beruft diese ab.
Geschäftsführung	Geschäftsführer haben grds. Gesamt-Geschäftsführung und unbeschränkbare Gesamt-Vertretung.	Geschäftsführer führen Geschäfte und haben unbeschränkbare Einzel-Vertretung	Grds. führen Gesellschafter die Geschäfte. GF haben unbeschränkbare Einzel-Vertretung.

	Deutschland Gesellschaft mit beschränkter Haftung (GmbH)	Frankreich Société à Responsabilité Limitée (S.A.R.L.)	Italien Società a Responsabilità Limitata (S.R.L.)
Aufsichtsrat	Fakultativ, ab 500 Arbeitnehmer zwingend.	Fakultativ.	Fakultativ, u.a. zwingend ab EUR 103'291,38 (= ITL 200 Mio.) Stammkapital. Min. 1 Mitglied ist Rechnungsprüfer. Prüft Buchhaltung und Jahresabschluß, berät und kontrolliert Geschäftsführung.
Vermögen (inkl. Mindest-Stammkapital)	Mindest-Stammkapital: 25'000 EUR.	Mindest-Stammkapital: 7'500 EUR. Stammkapital zzgl. gesetzliche Rücklage (10% vom Stammkapital).	Mindest-Stammkapital: 10'000 EUR.
Haftung (inkl. Rechtsfähigkeit)	Nur GmbH-Vermögen haftet. GmbH ist juristische Person ab Eintragung ins Handelsregister.	Nur S.A.R.L.-Vermögen haftet. S.A.R.L. ist juristische Person ab Eintragung ins Handelsregister.	Nur S.R.L.-Vermögen haftet. S.R.L. ist juristische Person ab Eintragung ins Gesellschaftsregister.
Gesellschafter	1 oder mehrere; Gesellschafter können sein: natürliche und juristische Personen sowie Personengesellschaften.	1 oder mehrere natürliche und grds. juristische Person (auch Personengesellschaft).	1 oder mehrere; Gesellschafter können sein: natürliche und juristische Personen sowie Personengesellschaften. Allein-Gesellschafter haftet u.a. unbeschränkt bei Zahlungsunfähigkeit der S.R.L. für in dieser Zeit entstandene Verbindlichkeiten.

	Deutschland Gesellschaft mit be- schränkter Haftung (GmbH)	Frankreich Société à Responsabilité Limitée (S.A.R.L.)	Italien Società a Responsabilità Limitata (S.R.L.)
Rechnungslegung	Größenabhängig (Bilanzsumme, Umsatz, Anzahl Arbeitnehmer): min. Bilanz, GuV & Anhang, ggf. Lagebericht.	Jahresabschluß (= Bilanz, GuV, Anhang) und Lagebericht, dem Ergebnisse der letzten 5 Jahre beizufügen sind.	Größenabhängig (Bilanzsumme, Umsatz, Anzahl Arbeitnehmer): min. Bilanz, GuV & Anhang, ggf. Lagebericht.
(finanzielle) Publizi- tät	Einreichung der Unterlagen zum Handelsregister unverzüglich nach Vorlage gegenüber Gesellschaftern, spätestens 12 Monate nach Geschäftsjahr-Ende.	U.a. Jahresabschluß und Lagebericht sind 1 Monat nach Gesellschafter-Versammlung bei Handelsregister einzureichen.	Jahresabschluß ist 30 Tage nach Gesellschafter-Versammlung bei Gesellschaftsregister einzureichen, spätestens 6 Monate nach Geschäftsjahr-Ende.

	Deutschland Gesellschaft mit beschränkter Haftung (GmbH)	Großbritannien Private Limited Company (Ltd.)	USA Close Corporation[1]
Register	Eintragung: Firma, Sitz, Unternehmensgegenstand, Höhe Stammkapital, Vertretungsbefugnis der Geschäftsführer. Einreichung: u.a. notarielle Satzung.	Eintragung (u.a.): Firma, Sitz, Höhe des ‚Stammkapitals'. Einreichung: u.a. schriftliche Satzung.	Einreichung: schriftliche Satzung.
Firma	Namen-, Sach- oder Phantasiefirma, die Gesellschaftsbezeichnung, auch abgekürzt, enthalten muß.	Namen-, Sach- oder Phantasiefirma, die Gesellschaftsbezeichnung, auch abgekürzt, enthalten muß.	Namen-, Sach- oder Phantasiefirma, die „Incorporated" oder als Abkürzung „Inc." bzw. „corporation" / „corp.", „company" / „Co." sowie "limited" / "Ltd." enthalten muß. Firma muß nicht "close corporation" enthalten.
Gesellschafter-Versammlung	Spätestens 8 bzw. 11 Monate nach Geschäftsjahr-Ende. U.a.: Beschließt über Jahresabschluß und Gewinn-Verwendung, bestellt Geschäftsführer sowie Abschlußprüfer und beruft diese ab.	Einmal jährlich. Nimmt Jahresabschluß und Geschäftsbericht entgegen, ernennt Verwaltungsrat-Mitglieder sowie Abschlußprüfer und beruft diese ab.	Einmal jährlich. Ernennt Mitglieder Verwaltungsrat und beruft diese ab.

[1] Eine allgemein übliche Abkürzung gibt es nicht.

	Deutschland Gesellschaft mit beschränkter Haftung (GmbH)	Großbritannien Private Limited Company (Ltd.)	USA Close Corporation[2]
Geschäftsführung	Geschäftsführer haben grds. Gesamt-Geschäftsführung und unbeschränkbare Gesamt-Vertretung.	Verwaltungsrat (oft nur 1 Direktor) hat Gesamt-Geschäftsführung und unbeschränkbare Gesamt-Vertretung. Stellt Jahresabschluss fest. Kann Kompetenzen auf Mitglieder (meist Einzel-Vertretung) und Ausschüsse übertragen.	Verwaltungsrat legt Leitlinien der Geschäftspolitik fest. Mitglieder besitzen Gesamt-Vertretungsmacht. Tägliche Verwaltungs- und Organisationsaufgaben werden auf Leitende Angestellte übertragen, die für ihr Ressort Einzel-Vertretungsmacht besitzen, ihr Vorsitzender besitzt ressort-übergreifende Einzel-Vertretungsmacht.
Aufsichtsrat	Fakultativ, ab 500 Arbeitnehmer zwingend.	Nein.	Nein.
Vermögen (inkl. Mindest-Stammkapital)	Mindest-Stammkapital: 25'000 EUR.	Kein Mindest-Stammkapital.	Kein Mindest-Stammkapital.
Haftung (inkl. Rechtsfähigkeit)	Nur GmbH-Vermögen haftet. GmbH ist juristische Person ab Eintragung ins Handelsregister.	Nur Ltd.-Vermögen haftet. Ltd. ist juristische Person ab Eintragung ins Gesellschaftsregister.	Nur Gesellschaftsvermögen haftet.

[2] Eine allgemein übliche Abkürzung gibt es nicht.

	Deutschland Gesellschaft mit beschränkter Haftung (GmbH)	Großbritannien Private Limited Company (Ltd.)	USA Close Corporation[3]
Gesellschafter	1 oder mehrere; Gesellschafter können sein: natürliche und juristische Personen sowie Personengesellschaften.	1 oder mehrere natürliche und juristische Person (aber nicht Partnership).	1 oder mehrere natürliche und juristische Person; in manchen Bundesstaaten Begrenzung.
Rechnungslegung	Größenabhängig (Bilanzsumme, Umsatz, Anzahl Arbeitnehmer): min. Bilanz, GuV & Anhang, ggf. Lagebericht.	Jahresabschluß (= Bilanz, GuV, Anhang) und Geschäftsbericht.	Gesetzlich in den wenigsten Bundesstaaten vorgeschrieben.
(finanzielle) Publizität	Einreichung der Unterlagen zum Handelsregister unverzüglich nach Vorlage gegenüber Gesellschaftern, spätestens 12 Monate nach Geschäftsjahr-Ende.	Jahresabschluß und Geschäftsbericht sind 10 Monate nach Geschäftsjahr-Ende bei Gesellschaftsregister einzureichen.	Nein.

[3] Eine allgemein übliche Abkürzung gibt es nicht.

Teil 2. Kontinental-europäischer Rechtskreis

Kapitel 1. Deutschland

1. Personengesellschaften

1.1. Gesellschaft bürgerlichen Rechts[1] (GbR)

Die GbR ist die Grundform aller Personengesellschaften.[2]

Im Wirtschaftsleben hat die GbR insbesondere Bedeutung bei Zusammen-schlüssen von Nicht-Kaufleuten, Gelegenheitsgemeinschaften wie Emissi-onskonsortien sowie Arbeitsgemeinschaften im Baugewerbe („ARGE"). Die Verbreitung der GbR wurde 1998 durch eine Gesetzesreform zu Gunsten der Offenen Handelsgesellschaft (OHG) zurückgedrängt.[3]

Die GbR wird vor allem dann gewählt, wenn die Zusammenarbeit nicht auf Dauer und keine Eintragung in das Handelsregister erfolgen soll. Da die mei-sten gesetzlichen Regelungen dispositiv (= durch Vertrag abänderbar) sind, können und werden die Gesellschaftsverträge genau auf die individuelle In-teressenlage der Gesellschafter abgestimmt.[4]

---

[1] Man findet auch die Bezeichnung „BGB-Gesellschaft", Abk.: BGB-G. Diese Gesellschaft wird so bezeichnet, weil sie im Bürgerlichen Gesetzbuch (Abk.: BGB) geregelt ist.
[2] Kraft/Kreutz, C 1.
[3] Kraft/Kreutz, C 2, D 2.
[4] Hahn/Peters, Gesellschaftsformen BRD, S. 9 f.

Kapitel 1. Deutschland

1.1.1. Register und Firma[1]

Die GbR kann nicht in das **Handelsregister** eingetragen werden, da sie keine Handelsgesellschaft ist.

Ebensowenig und aus demselben Grund darf die GbR eine **Firma**[2] führen. Sie kann aber einen Namen führen, z.b. „ARGE Flughafen Stuttgart", wobei diesem Namen z.b. „Gesellschaft bürgerlichen Rechts", „GbR" oder „BGB-Gesellschaft" hinzugefügt werden kann. Zusätze wie „und Partner" sind neuerdings Partnerschaften nach dem Partnerschaftsgesetz vorbehalten.[3]

Die Bezeichnung als "GbR mbH" kann Gläubigern grundsätzlich nicht haftungsbeschränkend entgegengehalten werden.[4]

1.1.2. Geschäftsführung und Vertretung

Das Gesetz schreibt für Personengesellschaftsrecht zwingend Selbstorganschaft vor.

Das Gesetz sieht vor, daß die Geschäftsführung als **Gesamt-Geschäftsführung** allen Gesellschaftern gemeinsam zusteht, eine andere Regelung durch den Gesellschaftsvertrag ist aber möglich. Die Gesamt-Geschäftsführung ist zwar schwerfällig, aber ungefährlicher als die Einzel-Geschäftsführung, bei der der geschäftsführende Gesellschafter nicht die Zustimmung der anderen Geschäftsführer zu einem Geschäft benötigt und deshalb gesetzlich für die GbR vorgesehen, weil deren Gesellschafter nach dem gesetzlichen Leitbild keine Kaufleute sind.[5]

Von der Geschäftsführung zu trennen ist die Frage der **Vertretungsmacht**, d.h. wozu ein Gesellschafter im Außenverhältnis zu Dritten berechtigt ist.

---

[1] Siehe näher unten 1.3.1.
[2] Zum Begriff der Firma siehe unten 1.3.1.
[3] Kraft/Kreutz, Gesellschaftsrecht, C III 1; siehe hierzu auch unten 1.2.
[4] BGH, Urteil vom 27.09.1999, II ZR 371/98; eine Ausnahme besteht aber für geschlossene Immobilienfonds in der Form der GbR, siehe BGH, Urteil vom 21.01.2002, II ZR 2/00.
[5] Hueck, § 8 I 2.

Kapitel 1. Deutschland

Die Vertretungsmacht richtet sich nach der Geschäftsführungsbefugnis, wenn im Gesellschaftsvertrag nichts anderes vereinbart wurde. Da das Gesetz Gesamt-Geschäftsführung als den Regelfall ansieht, gilt entsprechend **Gesamt-Vertretung**, d.h. nur alle Gesellschafter gemeinsam können die GbR vertreten. Da dies die GbR im Geschäftsverkehr sehr schwerfällig machen würde, wird der Gesellschaftsvertrag in der Regel etwas anderes vorsehen. Der Umfang der Vertretungsmacht ist beschränkbar, die Beschränkung muß allerdings dem Geschäftsverkehr verdeutlicht werden, etwa durch Bekanntmachung oder einen Hinweis auf Briefen.

1.1.3. Vermögen und Haftung

Das **Vermögen** der GbR besteht aus dem Gesellschaftskapital, das sich aus den Beiträgen der einzelnen Gesellschafter zusammensetzt, sowie aus den durch die Geschäftsführung für die Gesellschaft erworbenen Gegenständen. Die Beiträge der Gesellschafter können in Geld-, Sach- oder Dienstleistungen bestehen. Auch die Überlassung von Gegenständen zur Nutzung ist eine Sachleistung.[1] Da die Gesellschafter mit Ihrem Privatvermögen haften, sind ein festes Mindest-Gesellschaftskapital oder Mindest-Beiträge bzw. -Einlagen wie bei Kapitalgesellschaften (z.B. AG, GmbH) nicht erforderlich.

Für die Gesellschaftsschulden **haftet** das GbR-Vermögen.[2] Daneben haften alle Gesellschafter gesamtschuldnerisch, d.h. jeder einzelne Gesellschafter haftet auch mit seinem Privatvermögen in voller Höhe der Schuld.

Die Firmierung als "**GbR mbH**" kann Gläubigern nicht grundsätzlich haftungsbeschränkend entgegengehalten werden.[3]

Gesellschafter einer GbR kann sowohl jede natürliche (z.B. Einzel-Kaufmann) als auch jede juristische Person (z.B. AG, GmbH) sein, darüber hinaus jede Personengesellschaft (z.B. GbR, OHG, KG).

---

[1] Hueck, §§ 9 I, 7 I 1 lit. a.
[2] BGH, Urteil vom 29.01.2001, II ZR 331/00 (ZIP 2001, 330).
[3] BGH, Urteil vom 27.09.1999, II ZR 371/98; siehe näher oben 1.1.1.

Kapitel 1. Deutschland

1.1.4. Gesellschafter-Wechsel

Die Übertragung eines Gesellschaftsanteils bedarf grundsätzlich der Zustimmung der übrigen Gesellschafter.[1]

Bis zum Urteil des Bundesgerichtshofs vom 7. April 2003 haftete der in die GbR **eintretende Gesellschafter** für die vor seinem Eintritt begründeten Alt-Schulden nur mit seinem Gesellschaftsanteil.[2] Seit dem o.g. Urteil haftet er aber sowohl für die vor seinem Eintritt begründeten Alt-Schulden als auch für die danach gemachten Neu-Schulden sowohl mit seinem Gesellschaftsanteil als auch mit seinem Privatvermögen. Diese neue Regelung gilt aber nur für Eintritte, die nach diesem Urteil stattfinden.[3]

Der **ausscheidende Gesellschafter** haftet für die bis zu seinem Ausscheiden gemachten Alt-Schulden, wenn sie bis zu 5 Jahre nach seinem Ausscheiden fällig sind und gerichtlich geltend gemacht werden.

Der Ausscheidende kann die von ihm eingebrachten Gegenstände nicht zurückfordern. Vielmehr erhält er einen Abfindungsanspruch gegen die GbR, d.h. die in der GbR verbleibenden Gesellschafter haben den Ausscheidenden auszuzahlen.

1.1.5. Rechnungslegung und Publizität

Die GbR ist gesetzlich nicht dazu verpflichtet, einen Jahresabschluß oder einen Lagebericht zu erstellen. Sie ist auch nicht zur Publizität verpflichtet.[4] Die GbR kann nicht publizieren, da sie nicht in das Handelsregister eingetragen werden kann und folglich ihre Unterlagen nicht zum Handelsregister einreichen kann.

---

[1] Kraft/Kreutz, Gesellschaftsrecht, C V 3 lit. c.
[2] Memento, RN 993.
[3] BGH, Az.: II ZR 56/02.
[4] Kraft/Kreutz, Gesellschaftsrecht, B VIII.

1.2. Partnerschaft

Der Vollständigkeit halber sei diese am 01.07.1995 eingeführte, an die OHG angelehnte Gesellschaftsform erwähnt, die aber ausschließlich Freiberuflern[1] vorbehalten ist,[2] weshalb hier nicht näher auf sie eingegangen wird. Da es aber in neuester Zeit im anglo-amerikanischen Rechtskreis der Partnerschaft ähnliche bzw. vergleichbare Gesellschaftsformen gibt,[3] die dort teilweise auch Personenvereinigungen offen stehen, die ein Handelsgewerbe bzw. einen Gewerbebetrieb betreiben, ist die Partnerschaft hier zumindest zu erwähnen.

Die Partnerschaft muß sich zu ihrer Entstehung im **Partnerschaftsregister** registrieren lassen. Das Partnerschaftsregister wird von den Registergerichten geführt, die auch das Handelsregister[4] führen.[5]

Der **Name** (nicht die Firma[6]!) der Partnerschaft muß den Namen, nicht aber den Vornamen, mindestens eines Partners, den Zusatz „und Partner" oder „Partnerschaft" sowie die Berufsbezeichnung aller in der Partnerschaft vertretenen Berufe enthalten.[7]

Ihre **Haftung** ist teilweise, insbesondere bei auf Vertrag beruhenden Verbindlichkeiten, auf das Gesellschaftsvermögen und das Vermögen desjenigen Partners begrenzt, der den Mandanten/Klienten betreut; die übrigen Gesellschafter (Partner) haften daneben nicht.[8]

---

[1] Dieser Begriff wird in der Aufzählung des § 1 Abs. 2 S. 2 Partnerschaftsgesellschaftsgesetz (PartGG) näher bestimmt.
[2] Da die Partnerschaft Freiberuflern vorbehalten ist, wird sie als Personengesellschaft und nicht unten bei den Personenhandelsgesellschaften dargestellt.
[3] Siehe unten Kapitel 4, 1.2. sowie Kapitel 5, 2.2.
[4] Siehe hierzu unten 1.3.1.
[5] Näher hierzu: Kraft/Kreutz, H II 2.
[6] Siehe hierzu unten 1.3.1.
[7] § 2 Abs. 1 S. 1 PartGG.
[8] § 8 Abs. 2 PartGG.

1.3. Stille Gesellschaft

Die Stille Gesellschaft ist eine Gesellschaft, bei der sich jemand (= stille Gesellschafter, kurz: der Stille) an dem Handelsgewerbe eines anderen (= Kaufmann, auch: Geschäftsinhaber, Komplementär) beteiligt. Der Stille leistet hierzu eine Einlage, die in das Vermögen des Komplementärs übergeht, und erhält dafür einen Anteil am Gewinn des Komplementärs.[1]

Die Stille Gesellschaft ist zwar eine Unterform der GbR, aber nicht Handelsgesellschaft,[2] sondern eine reine Innen-Gesellschaft. Ergänzend sind die GbR-Vorschriften auf die Stille Gesellschaft anwendbar; hiervon ausgenommen sind aber die Regelungen über das Gesellschaftsvermögen und, da die Stille Gesellschaft eine reine Innen-Gesellschaft ist, das Auftreten nach außen.

1.3.1. Register und Firma

Nur der Komplementär als Kaufmann erscheint im **Handelsregister**, aber nicht der Stille bzw. die stille Gesellschaft.

Das Handelsregister

In das von den Amtsgerichten als sog. Registergerichten[3] geführte **Handelsregister** können nur der einzelne Kaufmann als Komplementär einer Stillen Gesellschaft sowie die Handelsgesellschaften eingetragen werden. Der Kaufmann hat seine Firma (hierzu sogleich) und den Ort seines Unternehmens (§ 29 HGB spricht vom „Ort seiner Handelsniederlassung") zur Eintragung in das Handelsregister anzumelden; ebenso spätere Änderungen der Firma. Der gesamte Inhalt der Anmeldung wird in das Handelsregister eingetragen. Diese Eintragung wird vom Registergericht im Bundesanzeiger sowie einem weiteren Blatt bekannt gemacht, soweit nicht anders geregelt; So etwa bei der KG, wo die Namen und die Einlagen-Höhe der Kommanditisten zwar

---

[1] Hueck, Gesellschaftsrecht, § 19 I.
[2] Die Überschrift des 2. Buches des Handelsgesetzbuches (HGB), in dem OHG, KG und Stille Gesellschaft geregelt sind, lautet: „Handelsgesellschaften und stille Gesellschaft"
[3] Einzelheiten in §§ 125 ff. FGG.

in das Handelsregister eingetragen, aber nicht bekannt gemacht werden. Jeder kann in das Handelsregister Einsicht nehmen und Abschriften der Eintragungen sowie der dort hinterlegten Schriftstücke bzw. Urkunden anfordern. Hierzu bedarf es keines rechtlichen Interesses wie z.B. bei der Einsichtnahme in das Grundbuch.

Die Firma

Als „Firma" wird der Name bezeichnet, unter dem ein Kaufmann im Rechtsverkehr auftritt, § 17 HGB. Da für die Firma spezielle Vorschriften bestehen, ist sie vom Namen des Kaufmanns zu unterscheiden.
Bsp.: Die Person Karl Häberle tritt im Geschäftsverkehr unter der Firma Karle's Feinkost auf.

Der Kaufmann hat auf allen **Geschäftsbriefen** und Bestellscheinen seine Firma, seine Handelsniederlassung, das Registergericht sowie die Registernummer, d.h. die Nummer, unter der seine Firma in das Handelsregister eingetragen ist, anzugeben.

Eine gemeinschaftliche **Firma** gibt es nicht. Nur der Komplementär als Kaufmann ist zur Firmierung berechtigt. Seine Firma muß nicht seinen Namen enthalten, jedoch den Zusatz „eingetragener Kaufmann" bzw. „eingetragene Kauffrau" oder eine sinngemäße Abkürzung, z.B. „e. K." oder „e. Kfm."

1.3.2. Geschäftsführung und Vertretung

Die **Geschäftsführung** steht grundsätzlich ausschließlich dem Komplementär zu, der Stille hat nicht einmal bei ungewöhnlichen Geschäften ein Widerspruchsrecht; er hat allenfalls Schadensersatzansprüche und kann den Gesellschaftsvertrag kündigen. Im übrigen stehen ihm dieselben Kontrollrechte wie einem Kommanditisten zu.[1]

---

[1] Vgl. hierzu unten 2.1.2.2.

Kapitel 1. Deutschland

Die Stille Gesellschaft tritt in der Regel nach außen nicht als Gesellschaft hervor; nach außen handelt nur der Komplementär. Er betreibt das Unternehmen und schließt alle Geschäfte selbst ab. Der Stille muß Dritten, insbesondere den Gläubigern, jedoch nicht unbekannt sein. Zwischen dem Stillen und Dritten entstehen aber aufgrund der Stillen Gesellschaft keinerlei Rechtsbeziehungen.

1.3.3. Vermögen und Haftung

Ein **Gesellschaftsvermögen** gibt es nicht. Die Einlage des Stillen, die in einer Geld-, Sach- oder Dienstleistung bestehen kann,[1] geht in das Eigentum des Komplementärs über. Das Unternehmen, in das der Stille seine Einlage einbrachte, gehört allein dem Komplementär, der auch allein für die Schulden **haftet**. Gläubiger haben lediglich die Möglichkeit, den Anspruch des Komplementärs auf die Einlage des Stillen, wenn diese noch nicht geleistet wurde, wie jede andere Forderung zu pfänden und, z.B. durch Einziehung, zu verwerten.

Komplementär kann jeder Einzel-Kaufmann sowie jede Handelsgesellschaft, also OHG, KG, AG, GmbH, sein. Da die GbR kein Kaufmann bzw. keine Handelsgesellschaft ist, kann sie nicht Komplementär sein.

Die soeben Genannten können auch **Stille** sein, darüber hinaus kann auch die GbR Stille sein.

1.3.4. Gesellschafter-Wechsel

Der **Komplementär** kann zwar grundsätzlich sein Handelsgewerbe bzw. sein Unternehmen auf einen anderen übertragen, jedoch folgt diese Übertragung handels- und zivilrechtlichen Grundsätzen, deren Darlegung den Rahmen dieser Arbeit sprengen würde.

Der **Stille** kann seine Beteiligung nicht übertragen.[2]

---

[1] Kraft/Kreutz, F III 1 lit. a; näher zur Sachleistung oben 1.1.3.
[2] Memento, RN 7445.

1.3.5. Rechnungslegung und Publizität

Zwar hat der Komplementär als Kaufmann einen aus Bilanz sowie GuV bestehenden Jahresabschluß aufzustellen. Er muß diesen aber nicht zum Handelsregister einreichen oder sonst in einer Form publizieren.

Anders verhält es sich, wenn er in drei aufeinanderfolgenden Geschäftsjahren mindestens zwei der drei nachfolgenden Kriterien erfüllt:

- Bilanzsumme über EUR 65 Mio.,
- Jahres-Umsatz über EUR 130 Mio. oder
- durchschnittlich mehr als 5.000 Arbeitnehmer.

Er muß dann nach dem Publizitätsgesetz einen Jahresabschluss wie eine große Kapitalgesellschaft[1] erstellen und publizieren.

2. Handelsgesellschaften

2.1. Personenhandelsgesellschaften

2.1.1. Offene Handelsgesellschaft (OHG)

Man muß sich die OHG als Zusammenschluß von Kaufleuten vorstellen, die nicht als Einzelne, sondern gemeinsam Handel treiben.

Die OHG ist eine Sonderform der GbR.[2] Die OHG-Vorschriften bauen auf den GbR-Vorschriften auf, d.h. daß für die OHG ergänzend GbR-Recht gilt.

Dementsprechend werden nachfolgend nur die von den GbR-Regeln abweichenden Regelungen behandelt.

---

[1] Siehe unten 2.2.1.3.
[2] Kraft/Kreutz, D 1.

Kapitel 1. Deutschland

2.1.1.1. Register[1] und Firma[2]

Die OHG ist zum **Handelsregister** an ihrem Sitz anzumelden. Die Anmeldung hat den Namen, den Vornamen, das Geburtsdatum sowie den Wohnort jedes Gesellschafters zu enthalten; darüber hinaus die Firma, den Gesellschaftssitz sowie den Beginn der Gesellschaft.

Der Gesellschaftsvertrag ist nicht zum Handelsregister einzureichen.

Die **Firma**, die allerdings nicht den Namen eines der Gesellschafter zu enthalten braucht, muß die Bezeichnung „offene Handelsgesellschaft" bzw. eine allgemein verständliche Abkürzung enthalten.

Die OHG hat auf ihren **Geschäftsbriefen** neben den o.g. Angaben[3] ihre Rechtsform anzugeben.[4]

2.1.1.2. Geschäftsführung und Vertretung

Bei der OHG gilt der Grundsatz der **Einzel-Geschäftsführung**, d.h. grundsätzlich ist jeder einzelne Gesellschafter geschäftsführungsbefugt, aber auch -verpflichtet. Bei der Einzel-Geschäftsführung steht jedem Gesellschafter ein Veto-Recht gegen die Geschäftsführungsmaßnahmen eines Mit-Gesellschafters zu; wird dieses Veto-Recht ausgeübt, so hat das Geschäft zu unterbleiben.

---

[1] Siehe näher oben 1.3.1.
[2] Siehe näher oben 1.3.1.
[3] Siehe näher oben 1.3.1.
[4] Es ist darauf hinzuweisen, daß sich Besonderheiten insbesondere hinsichtlich der **Angaben auf Geschäftsbriefen** sowie **Rechnungslegung und Publizität** ergeben, wenn keine natürliche Person auch nur mittelbar OHG-Gesellschafter ist, also die einzigen Gesellschafter einer OHG beispielsweise zwei GmbH's sind. Mittelbar ist eine natürliche Person OHG-Gesellschafter, wenn es sich bei den OHG-Gesellschaftern z.B. um eine GmbH und eine weitere OHG handelt.

Kapitel 1. Deutschland

Sind nur einzelne Gesellschafter geschäftsführungsbefugt, d.h. andere von der Geschäftsführung ausgeschlossen, so steht den ausgeschlossenen kein Veto-, sondern nur ein Kontrollrecht[1] zu.

Grundsätzlich ist jeder einzelne Gesellschafter zur **Vertretung** der OHG befugt, jeder einzelne Gesellschafter kann also die OHG berechtigen und verpflichten.

Von dieser gesetzlichen Vorstellung kann per Gesellschaftsvertrag wie folgt abgewichen werden, wobei jede Abweichung zwingend zur Eintragung in das Handelsregister anzumelden ist:

- Einem Gesellschafter steht keine Vertretungsbefugnis zu.

- Einem Gesellschafter steht lediglich **Gesamt-Vertretung** zu; entweder **echte** (alle oder mehrere Gesellschafter sollen nur gemeinschaftlich zur Vertretung berechtigt sein, dabei können wiederum die gesamtvertretungsberechtigten Gesellschafter z.B. bestimmte Geschäfte auf einen einzelnen Gesellschafter übertragen) oder **unechte** (ein Gesellschafter vertritt die OHG zusammen mit einem Prokuristen). Unechte Vertretungsbefugnis kann wegen des zwingenden Prinzips der Selbstorganschaft jedoch nur vereinbart werden, wenn anderen Gesellschaftern noch Einzel- oder echte Gesamt-Vertretungsbefugnis zusteht.

Von der Vertretungsbefugnis als solches ist deren Umfang zu unterscheiden: Die Vertretungsmacht eines Gesellschafters erstreckt sich auf alle (!) gerichtlichen und außergerichtlichen Handlungen inkl. der Veräußerung und Belastung von Grundstücken sowie der Erteilung und des Widerrufs einer Prokura. Dieser Umfang kann im Verhältnis zu Dritten nicht beschränkt werden.

---

[1] Das Kontrollrecht kann ausgeübt werden, indem der Gesellschafter sich von den Angelegenheiten der OHG persönlich unterrichtet, die Handelsbücher und Papiere einsieht und sich hieraus eine Bilanz bzw. einen Jahresabschluss fertigt.

2.1.1.3. Vermögen und Haftung

Das **Vermögen** der OHG besteht aus dem Gesellschaftskapital, das sich aus den Beiträgen der einzelnen Gesellschafter zusammensetzt, sowie aus den durch die Geschäftsführung für die Gesellschaft erworbenen Gegenständen. Die Beiträge der Gesellschafter können in Geld-, Sach- oder Dienstleistungen bestehen. Auch die Überlassung von Gegenständen zur Nutzung ist eine Sachleistung.[1] Da die Gesellschafter mit Ihrem Privatvermögen haften, sind ein festes Mindest-Gesellschaftskapital oder Mindest-Beiträge bzw. -Einlagen wie bei Kapitalgesellschaften (z.b. AG, GmbH) nicht erforderlich.

Für die Verbindlichkeiten der OHG **haften** sowohl das OHG-Vermögen als auch die Gesellschafter. Das bedeutet im einzelnen:

Primäre Haftung: Ein Gläubiger kann sich mit seinem Anspruch sofort an einen Gesellschafter wenden, er braucht nicht zuvor die OHG in Anspruch genommen zu haben; dem Gesellschafter steht also nicht wie dem Bürgen eine Art „Einrede der Vorausklage" zu.

Unmittelbare Haftung: Dabei kann der Gläubiger jeden Gesellschafter direkt in Anspruch nehmen und nicht auf dem Umweg über die OHG, z.b. über eine Nachschußpflicht.[2]

Unbeschränkte Haftung: Jeder Gesellschafter haftet den Gläubigern mit seinem gesamten Vermögen, also auch mit seinem Privatvermögen, und nicht nur mit seiner in die OHG eingebrachten Einlage.

---

[1] Hueck, §§ 9 I, 7 I 1 lit. a.

[2] Die Unterscheidung zwischen primärer und unmittelbarer Haftung ist insbesondere für Nicht-Juristen nur schwer verständlich und soll deshalb über das Gegenteil näher erklärt werden: Der Gesellschafter haftete primär aber nur mittelbar, wenn sich der Gesellschaftsgläubiger zwar sofort an den Gesellschafter halten könnte und nicht zuerst an die OHG halten müßte (primär), den Gesellschafter aber nur zum Nachschuß in das OHG-Vermögen (mittelbar) verpflichten könnte. Oder andersherum: Der Gesellschafter haftete nur sekundär, wenn der Gesellschaftsgläubiger zuerst gegen die OHG vorgehen müßte, nach erfolglosem Vorgehen gegen die OHG sich aber direkt an den Gesellschafter halten könnte (unmittelbar).

Unbeschränkbare Haftung: Diese Haftung kann nicht durch Gesellschafts-vertrag Dritten gegenüber beschränkt werden.

Gesamtschuldnerische Haftung: Jeder Gesellschafter haftet dem Gläubi-ger in voller Höhe des Anspruchs, seine Haftung ist nicht etwa quotal gemäß seiner Beteiligung an der OHG beschränkt.

Akzessorische Haftung: Ändert sich die Verbindlichkeit der OHG, etwa durch Leistungsstörung, Erfüllung oder Aufrechnung, so ändert sich die Haf-tung der Gesellschafter entsprechend.

Gesellschafter einer OHG kann sowohl jede natürliche (z.B. Einzel-Kaufmann, auch als Komplementär einer Stillen Gesellschaft) als auch jede juristische Person (z.B. AG, GmbH) sein, darüber hinaus die Personenhan-delsgesellschaften OHG und KG, aber nicht die GbR.[1]

2.1.1.4. Gesellschafter-Wechsel

Der in eine OHG **eintretende Gesellschafter** haftet zwingend sowohl für die vor seinem Eintritt begründeten Alt-Schulden als auch für die danach ge-machten Neu-Schulden; auf eine Änderung der Firma kommt es dabei nicht an.[2]

Der **ausscheidende Gesellschafter** haftet für die bis zu seinem Ausschei-den gemachten Alt-Schulden, wenn sie bis zu 5 Jahre nach seinem Aus-scheiden fällig sind und gerichtlich geltend gemacht werden, wobei die 5-Jahresfrist mit der Eintragung in das Handelsregister beginnt. Dies gilt auch, wenn der OHG-Gesellschafter nicht ausscheidet, sondern zum Kommanditi-sten „herabsinkt".

---

[1] Kraft/Kreutz, C I 1 lit. a, FN 10 m.w.N.
[2] Memento, RN 1366.

2.1.1.5. Rechnungslegung und Publizität

Die OHG ist gesetzlich dazu verpflichtet, einen aus Bilanz und Gewinn- und Verlustrechnung bestehenden Jahresabschluß zu erstellen. Sie ist aber nicht zur Publizität verpflichtet.

Darüber hinaus gilt: Ist keiner der OHG-Gesellschafter eine natürliche Person (auch mittelbar, etwa, wenn zwei OHG's oder eine OHG und eine natürliche Person Gesellschafter einer weiteren OHG sind), sondern eine juristische Person (z.B. schließen sich zwei GmbH's zu einer OHG zusammen), so ist die OHG wie eine Kapitalgesellschaft rechnungslegungs- und publizitäts-pflichtig.[1]

2.1.2. Kommanditgesellschaft (KG)

Zur **GmbH & Co. KG** siehe unten 2.1.3.

Die KG ist eine Vereinigung von aktiven Kaufleuten und bloßen Geldgebern. Ihre Attraktivität liegt in der Kalkulierbarkeit des Beteiligungsrisikos als Kommanditist.

Ebenso wie im Verhältnis OHG zu GbR, so bauen auch die KG-Regelungen auf den OHG-Vorschriften auf, d.h. die KG ist eine Sonderform der OHG.

> *Dementsprechend werden nachfolgend nur die von den OHG-Regeln abweichenden Regelungen behandelt. Da der KG-Komplementär als persönlich haftender Gesellschafter mit dem OHG-Gesellschafter vergleichbar ist, wird insoweit auf die Ausführungen oben verwiesen.*

Da auch das KG-Recht weitgehend dispositiv ist, können die Rechte des Kommanditisten sowohl erweitert als auch eingeschränkt werden.

---

[1] § 264b HGB; zur Rechnungslegungs- und Publizitätspflichtigkeit von Kapitalgesellschaften siehe unten 2.2.1.3.

Kapitel 1. Deutschland

2.1.2.1. Register[1] und Firma[2]

In das **Handelsregister** sind die Namen der Kommanditisten sowie die Höhe ihrer Einlagen einzutragen. Bekanntzumachen ist aber nur die Zahl der Kommanditisten. Da aber jeder Einsicht in das Handelsregister nehmen bzw. einen Auszug davon anfordern kann, kann er so die Identität und die Einlage eines Kommanditisten in Erfahrung bringen.

Die **Firma**, die allerdings nicht den Namen eines der Gesellschafter zu enthalten braucht, muß die Bezeichnung „Kommanditgesellschaft" bzw. eine allgemein verständliche Abkürzung enthalten.

2.1.2.2. Geschäftsführung und Vertretung

Für die Komplementäre gilt:

Für die Komplementäre gilt der Grundsatz der **Einzel-Geschäftsführung**, d.h. grundsätzlich ist jeder einzelne Komplementär geschäftsführungsbefugt, aber auch -verpflichtet. Bei der Einzel-Geschäftsführung steht jedem Komplementär ein Veto-Recht gegen die Geschäftsführungsmaßnahmen eines Mit-Komplementärs zu; wird dieses Veto-Recht ausgeübt, so hat das Geschäft zu unterbleiben.

Sind nur einzelne Komplementäre geschäftsführungsbefugt, d.h. andere von der Geschäftsführung ausgeschlossen, so steht den ausgeschlossenen kein Veto-, sondern nur ein Kontrollrecht[3] zu.

Grundsätzlich ist jeder einzelne Komplementär zur **Vertretung** der KG befugt, jeder einzelne Komplementär kann also die KG berechtigen und verpflichten.

---

[1] Siehe näher oben 1.3.1.
[2] Siehe näher oben 1.3.1.
[3] Das Kontrollrecht kann ausgeübt werden, indem der Gesellschafter sich von den Angelegenheiten der OHG persönlich unterrichtet, die Handelsbücher und Papiere einsieht und sich hieraus eine Bilanz bzw. einen Jahresabschluss fertigt.

Kapitel 1. Deutschland

Von dieser gesetzlichen Vorstellung kann per Gesellschaftsvertrag wie folgt abgewichen werden, wobei jede Abweichung zwingend zur Eintragung in das Handelsregister anzumelden ist:

- Einem Komplementär steht keine Vertretungsbefugnis zu.

- Einem Komplementär steht lediglich **Gesamt-Vertretung** zu; entweder **echte** (alle oder mehrere Komplementäre sollen nur gemeinschaftlich zur Vertretung berechtigt sein, dabei können wiederum die gesamtvertretungsberechtigten Komplementäre z.B. bestimmte Geschäfte auf einen einzelnen Komplementär übertragen) oder **unechte** (ein Komplementär vertritt die OHG zusammen mit einem Prokuristen). Unechte Vertretungsbefugnis kann wegen des zwingenden Prinzips der Selbstorganschaft jedoch nur vereinbart werden, wenn anderen Komplementären noch Einzel- oder echte Gesamt-Vertretungsbefugnis zusteht.

Von der Vertretungsbefugnis als solches ist deren Umfang zu unterscheiden: Die Vertretungsmacht eines Komplementärs erstreckt sich auf alle (!) gerichtlichen und außergerichtlichen Handlungen inkl. der Veräußerung und Belastung von Grundstücken sowie der Erteilung und des Widerrufs einer Prokura. Dieser Umfang kann im Verhältnis zu Dritten nicht beschränkt werden.

Für die Kommanditisten gilt:

Der Kommanditist ist aufgrund seiner eingeschränkten Haftung von Gesetzes wegen von der **Geschäftsführung** ausgeschlossen. Ihm steht zwar ein Kontrollrecht zu, das aber nicht so weit geht wie das des von der Geschäftsführung ausgeschlossenen OHG-Gesellschafters: Er kann den Jahresabschluß verlangen und prüfen, ob dieser korrekt ist, indem er in die Geschäftsunterlagen Einblick nimmt. Zu ungewöhnlichen Geschäften muß der Komplementär die vorherige Zustimmung des Kommanditisten einholen, da den Kommanditisten ein bloßes Widerspruchsrecht nicht ausreichend schützt.[1]

---

[1] Hueck, § 18 V 1.

Kapitel 1. Deutschland

Aufgrund der Vertragsfreiheit kann der Kommanditist ganz oder teilweise an der Geschäftsführung beteiligt werden.[1]

In keinem Fall jedoch kann der Kommanditist als Gesellschafter (!) die KG nach außen vertreten,[2] die organschaftliche **Vertretung** ist dem Kommanditisten immer versagt.[3]

Allerdings kann dem Kommanditisten Prokura oder Handlungsvollmacht erteilt werden.

Hat die KG mehrere Komplementäre, so kann ihre Vertretung im Sinne einer unechten Gesamtvertretung ausgestaltet werden: Mehrere Komplementäre oder ein Komplementär und ein Prokura-Kommanditist können die KG gemeinsam vertreten. Wegen des Verbots der Dritt-Organschaft ist eine solche unechte Gesamtvertretung nicht zulässig, wenn die KG nur einen Komplementär hat.[4]

2.1.2.3. Vermögen und Haftung

Das **Vermögen** der KG besteht aus dem Gesellschaftskapital, das sich aus den Beiträgen der einzelnen Gesellschafter zusammensetzt, sowie aus den durch die Geschäftsführung für die Gesellschaft erworbenen Gegenständen. Die Beiträge der Gesellschafter, auch der Kommanditisten,[5] können in Geld-, Sach- oder Dienstleistungen bestehen. Auch die Überlassung von Gegenständen zur Nutzung ist eine Sachleistung.[6] Da die Komplementäre mit Ihrem Privatvermögen haften, sind ein festes Mindest-Gesellschaftskapital oder Mindest-Beiträge bzw. -Einlagen wie bei Kapitalgesellschaften (z.B. AG, GmbH) nicht erforderlich.

---

[1] Hueck, § 18 V 1.
[2] § 170 HGB ist zwingend.
[3] Hueck, § 18 VI 1; Klunzinger, 2. Kapitel § 6 V 1 lit. b).
[4] Klunzinger, 2. Kapitel § 6 V 1 lit. d).
[5] Hueck, § 18 IV 1; näher zur Sachleistung oben 1.1.3.
[6] Hueck, §§ 9 I, 7 I 1 lit. a.

Für die Verbindlichkeiten der KG **haften** sowohl das KG-Vermögen als auch die Komplementäre, die wie OHG-Gesellschafter haften, insofern wird auf die oben unter 2.1.1.3. gemachten Ausführungen verwiesen.

Der Kommanditist haftet nur in Höhe seiner Einlage. Solange er diese nicht geleistet hat, haftet er – ziffernmäßig begrenzt – unmittelbar, primär, akzessorisch und als Gesamtschuldner mit seinem Privatvermögen für die Verbindlichkeiten der KG; nachdem er geleistet hat, haftet nur noch die geleistete Einlage. Hat er die Einlage geleistet und zumindest teilweise wieder entnommen (was zulässig ist)[1], so haftet er wiederum wie zuvor ziffernmäßig begrenzt mit seinem Privatvermögen.

Gesellschafter einer KG kann sowohl jede natürliche (z.B. Einzel-Kaufmann, auch als Komplementär einer Stillen Gesellschaft) als auch jede juristische Person (z.B. AG, GmbH) sein, darüber hinaus die Personenhandelsgesellschaften OHG und KG, aber nicht die GbR.[2]

2.1.2.4. Gesellschafter-Wechsel

2.1.2.4.1. Kommanditisten-Wechsel

Der Kommanditisten-Wechsel kann entweder durch Übertragung der Kommanditbeteiligung stattfinden oder durch Ausscheiden des Alt-Kommanditisten und Eintritt des Neu-Kommanditisten.

Wird die Kommanditbeteiligung bei voll erbrachter Einlage übertragen, so haften weder Veräußerer noch Erwerber Dritten gegenüber.[3]

Wird dem Kommanditisten bei seinem Ausscheiden eine Abfindung gezahlt, so handelt es sich dabei um eine Rückgewähr seiner Einlage, die seine persönliche Haftung in Höhe seiner Einlage wieder aufleben läßt. Dabei haftet er für die bis zu seinem Ausscheiden gemachten Alt-Schulden, wenn sie bis zu 5 Jahre nach seinem Ausscheiden fällig sind und gerichtlich geltend gemacht

---

[1] Hueck, § 18 VI 3 lit. b).
[2] Kraft/Kreutz, C I 1 lit. a, FN 10 m.w.N.
[3] Hueck, § 18 VII 1 lit. c).

werden, wobei die 5-Jahresfrist mit der Eintragung in das Handelsregister beginnt.

Wer als Kommanditist in eine bestehende KG eintritt, haftet für die zuvor schon begründeten Alt-Schulden, allerdings beschränkt auf seine Einlage.

Für die Verbindlichkeiten, die in der Zeit begründet wurden, als der Kommanditist zwar eintrat, aber noch nicht in das Handelsregister eingetragen war, haftet der Kommanditist unbeschränkt, wenn er dem jeweiligen Geschäft zugestimmt hat und dem Gläubiger der Gesellschaft die Kommanditisten-Eigenschaft nicht bekannt war.

2.1.2.4.2. Komplementär-Wechsel

Der in eine KG **eintretende Komplementär** haftet sowohl für die vor seinem Eintritt begründeten Alt-Schulden als auch für die danach gemachten Neu-Schulden; auf eine Änderung der Firma kommt es dabei nicht an.

Der **ausscheidende Komplementär** haftet für die bis zu seinem Ausscheiden gemachten Alt-Schulden, wenn sie bis zu 5 Jahre nach seinem Ausscheiden fällig sind und gerichtlich geltend gemacht werden, wobei die 5-Jahresfrist mit der Eintragung in das Handelsregister beginnt. Dies gilt auch, wenn der Komplementär nicht ausscheidet, sondern zum Kommanditisten „herabsinkt".

Hat die KG nur einen Komplementär, so gilt: Scheidet dieser aus, so wird die KG aufgelöst. Da sich die Kommanditisten von einem nicht mehr tragbaren Komplementär trennen können müssen, können sie diesen aus der KG ausschließen. Der Ausschluß führt zur Auflösung der KG. Wird die KG ohne Komplementär fortgeführt, so gilt sie als OHG mit den entsprechenden (Haftungs-) Folgen für die Gesellschafter.[1]

Zu **Rechnungslegung und Publizität** siehe oben 2.1.1.5.

---

[1] Hueck, § 18 VII 3

2.1.3. GmbH & Co. KG

Die GmbH & Co. KG wird steuerrechtlich zumindest teilweise und publizitäts-rechtlich komplett wie eine Kapitalgesellschaft behandelt. Dies darf aber nicht darüber hinweg täuschen, daß die GmbH & Co. KG etwas pauschal ausge-drückt eine „KG, deren einziger Komplementär eine GmbH ist",[1] gesell-schaftsrechtlich handelt es sich also um eine Sonderform der KG. Nachfolgend werden nur solche GmbH & Co. KG's behandelt, deren einziger (!) Komplementär eine GmbH ist. Da die GmbH & Co. KG eine KG ist, ist in erster Linie das KG-Recht anwendbar.[2]

> *Vor diesem Hintergrund werden nachfolgend nur die Aspekte behandelt, die die GmbH & Co KG von der KG unterscheiden.*[3]

Man unterscheidet u.a.: die **personengleiche GmbH & Co. KG**, bei der die Kommanditisten gleichzeitig Gesellschafter der Komplementär-GmbH sind, wohingegen die **nicht personengleiche GmbH & Co. KG** allenfalls nur teil-weise dieselben Gesellschafter hat. Bei der **Einmann-GmbH & Co. KG**, ei-ner Spielart der personengleichen GmbH & Co. KG, ist die Einmann-GmbH Komplementär und der einzige GmbH-Gesellschafter zugleich einziger Kommanditist. Weitere Erscheinungsformen wie die Einheitsgesellschaft[4], die doppelstöckige sowie die dreistufige GmbH & Co. KG seien hier nur der Voll-ständigkeit halber erwähnt.

Die hier nur angedeutete Kompliziertheit macht deutlich, weshalb in anderen Ländern diese im Innen-Verhältnis komplizierte und im Außen-Verhältnis nur schwer durchschaubare Konstruktion nicht erlaubt ist bzw. weshalb man sich für andere, einfachere Lösungen entschieden hat.

---

[1] So auch Hueck, § 37 I 1.

[2] Hueck, Gesellschaftsrecht, § 37 II 2.

[3] Es wird darauf hingewiesen, daß es darüber hinaus auch noch andere, wenn auch weit weniger verbreitete Möglichkeiten der Typen-Verbindung gibt, z.B. der AG & Co KG oder einer OHG, deren beiden Gesellschafter jeweils eine GmbH sind.

[4] Hierzu näher: Kraft/Kreutz, E VI 1 lit. b m.w.N.

Kapitel 1. Deutschland

Im Ausland ist die GmbH & Co. KG teilweise rechtlich nicht möglich, wie z.B. in Italien, teilweise möglich, aber nicht gebräuchlich, wie z.b. in Frankreich, Großbritannien und den USA, teilweise gibt es aber auch andere Konstruktionen, um insbesondere hinsichtlich der Haftung der Gesellschafter zum selben Ergebnis, nämlich einer auf das Gesellschaftsvermögen beschränkten Haftung, zu kommen, wie z.b. die Gesellschaftsform der Limited Liability Company (LLC) in den USA.

2.1.3.1. Register und Firma

Hinsichtlich der Eintragung zum Handelsregister ist für die Komplementär-GmbH auf die Ausführungen unter 2.2.3.1. zu verweisen; hinsichtlich der Anforderungen an die KG wird auf die Ausführungen unter 2.1.2.1. verwiesen.

Die **Firma** der GmbH & Co. KG muß einen Zusatz enthalten, aus dem die Haftungsbeschränkung ersichtlich ist, dieser kann wohl auch „Kommanditgesellschaft mit Haftungsbeschränkung" lauten.[1]

Hinsichtlich der Angabe auf **Geschäftsbriefen** wird auf die Ausführungen sowohl bei der KG[2] als auch bei der GmbH[3] verwiesen. Darüber hinaus muß die Firma der Komplementär-GmbH angegeben werden.[4]

2.1.3.2. Geschäftsführung und Vertretung

Da bei der GmbH & Co. KG der Komplementär die GmbH ist, wird in aller Regel der GmbH-Geschäftsführer die Geschäfte der GmbH & Co. KG führen.[5] Bei diesem Geschäftsführer kann es sich sowohl um einen Kommanditisten handeln, der gleichzeitig GmbH-Gesellschafter sein kann (nicht muß!) oder um einen Dritten. Hinsichtlich des Innenverhältnisses herrscht große

---

[1] Kraft/Kreutz, E VI 4 m.w.N. aus der Lit.
[2] Siehe oben 2.1.1.2.
[3] Siehe unten 2.2.3.1.
[4] §§ 177a S. 2, 125a Abs. 1 S. 2 HGB.
[5] Vgl. Hueck, § 37 II 2.

54

Kapitel 1. Deutschland

Gestaltungsfreiheit, aber der GmbH-Geschäftsführer vertritt die GmbH & Co. KG nach außen.[1]

Hinsichtlich der **Mitbestimmung** wird pauschal auf die Ausführungen unter 3.2.1.1. verwiesen, ohne die Feinheiten des GmbH & Co. KG-Rechts zu berücksichtigen.[2]

2.1.3.3. Vermögen und Haftung

Das Vermögen der GmbH & Co. KG besteht am Anfang ihrer Existenz aus dem Mindest-Stammkapital von EUR 25'000 der Komplementär-GmbH und den Einlagen der Kommanditisten.

Die GmbH & Co. KG vereint für ihre Gesellschafter die Haftungsvorzüge einer KG, bei der die Kommanditisten nur mit ihrer Einlage haften, mit denen einer GmbH, bei der sich die Haftung auf das GmbH-Vermögen beschränkt und die Gesellschafter nicht persönlich für Gesellschaftsverbindlichkeiten haften[3].[4]

Zum **Gesellschafter-Wechsel** siehe oben 2.1.2.4.

2.1.3.4. Rechnungslegung und Publizität

Die GmbH & Co. KG ist grundsätzlich wie eine Kapitalgesellschaft zur Rechnungslegung und Publizität verpflichtet,[5] insofern wird auf die Ausführungen unter 2.2.1.3. verwiesen.

---

[1] § 170 HGB, § 35 GmbHG; Hueck, § 37 II 2.

[2] Siehe hierzu nur Hueck, § 37 II 3.

[3] Siehe unten 2.2.1.2.

[4] Kraft/Kreutz, E VI 2 lit. b (1) sowie E VI 4; Hueck, § 37 III 3.
Die gesellschaftsrechtlichen (nicht steuerrechtlichen!) Vorteile der GmbH & Co. KG gegenüber der GmbH bestehen darin, daß die Kommanditanteile einfacher übertragbar sind als bei der GmbH, denn bei der GmbH bedarf die Übertragung eines Anteils der notariellen Beurkundung. Entnimmt ein Kommanditist einen Teil seiner Einlage, so lebt zwar seine persönliche Haftung wieder auf, die Haftung der anderen Kommanditisten lässt diese Entnahme aber unberührt. Bei der GmbH hingegen haften im Falle der Entnahme die Gesellschafter gesamtschuldnerisch.

[5] § 264a Abs. 1 HGB; zu den Ausnahmen von dieser Verpflichtung siehe § 264b HGB.

55

2.2. Kapitalgesellschaften

2.2.1. Allgemein

> *Die nachfolgenden, allgemeinen Ausführungen gelten sowohl für die Aktien-gesellschaft (AG) als auch für die Gesellschaft mit beschränkter Haftung (GmbH).*

2.2.1.1. Organe

Da die **Mitbestimmung** im Ausland kaum eine Rolle spielt, wird hier nicht näher darauf eingegangen.[1]

2.2.1.2. Vermögen und Haftung

Das **Vermögen** einer Kapitalgesellschaft ist ihr tatsächliches Vermögen (inkl. Eigenkapital[2]) und hängt jeweils von der Gewinn-Entwicklung ab.

Da die Kapitalgesellschaften mit Eintragung in das Handelsregister[3] juristische Personen werden, **haftet** für Gesellschaftsverbindlichkeiten grundsätzlich lediglich das Vermögen der Kapitalgesellschaft; anders als bei den Personengesellschaften haften die Gesellschafter grundsätzlich nicht, auch nicht subsidiär (zu Ausnahmen im Falle der Durchgriffshaftung siehe sogleich).

Das Eigenkapital der Kapitalgesellschaft soll den Gesellschaftsgläubigern als Mindesthaftungsstock zur Verfügung stehen,[4] d.h. das Gesamtvermögen der Kapitalgesellschaft darf nie die Grenze des Eigenkapitals unterschreiten.

---

[1] Die Ablehnung der Mitbestimmung geht in den anderen EU-Mitgliedstaaten teilweise so weit, daß u.a. die Einführung der europäischen Aktiengesellschaft, der Societas Europaea (SE), mehrmals daran scheiterte (vgl. Kraft/Kreutz, A VI 7 lit. b).

[2] Es besteht bei der AG aus dem Grundkapital und den Rücklagen, bei der GmbH aus dem Stammkapital und eventuellen Rücklagen.

[3] Siehe hierzu näher oben 1.3.1.

[4] Dementsprechend ist das Eigenkapital stets in voller Höhe unter die Passiva in die Jahresbilanz einzustellen, vgl. hierzu § 266 Abs. 3 Pos. A. I. HGB.

Kapitel 1. Deutschland

Vom Grundsatz, daß nur die Gesellschaft für ihre Verbindlichkeiten haftet, nicht aber ihre Gesellschafter, gibt es u.a. folgende Ausnahmen (**Durchgriffshaftung**), die insbesondere bei Ein-Mann-Gesellschaften eingreifen:

- es kommt zur Vermögensvermischung zwischen Gesellschafts- und Gesellschafter-Vermögen, etwa durch eine undurchsichtige Buchführung;
- die Gesellschaft ist hinsichtlich ihres Gesellschaftszweckes stark unterkapitalisiert und
- die Rechtsform der Kapitalgesellschaft wird bewußt zum Nachteil der Gläubiger mißbraucht.[1]

Gesellschafter können natürliche und juristische Personen sowie Personengesellschaften (GbR, OHG, KG) sein.[2] Der Bestand einer Kapitalgesellschaft ist unabhängig vom Wechsel ihrer Gesellschafter.

2.2.1.3. Rechnungslegung und Publizität

Hinsichtlich der Rechnungslegungs- und Publizitätspflicht kommt es auf die Größe der Kapitalgesellschaft an:

Sind mindestens zwei der drei genannten Kriterien erfüllt, so handelt es sich um eine **kleine Kapitalgesellschaft**:

- Bilanzsumme bis EUR 3,438 Mio.,
- Jahres-Umsatz bis EUR 6,875 Mio. und
- bis zu 50 Arbeitnehmer.

Die kleine Kapitalgesellschaft hat ihre Bilanz, ihre GuV und ihren Anhang nur in vereinfachter, d.h. weniger detaillierter, Form aufzustellen. Darüber hinaus muß sie keinen Lagebericht erstellen und nicht durch Abschlussprüfer geprüft werden.

Nur die Bilanz und der Anhang sind zum Handelsregister einzureichen.[3]

---

[1] Kraft/Kreutz, Gesellschaftsrecht, B III 3 lit. b m.w.N.
[2] Kraft/Kreutz, B I 1 lit. b m.w.N.
[3] § 326 S. 1 HGB.

Kapitel 1. Deutschland

Sind mindestens zwei der drei genannten Kriterien erfüllt, so handelt es sich um eine **mittelgroßen** Kapitalgesellschaft:

- Bilanzsumme bis EUR 13,75 Mio.,
- Jahres-Umsatz bis EUR 27,5 Mio. und
- bis zu 250 Beschäftigte.

Der Jahresabschluß umfaßt die Bilanz, die GuV und den Anhang. Darüber hinaus hat die mittelgroße Kapitalgesellschaft einen Lagebericht aufzustellen. GuV und Anhang können vereinfacht werden. Sie unterliegt der Prüfungspflicht wie eine große Kapitalgesellschaft.

Der Jahresabschluß und der Lagebericht sind zum Handelsregister einzureichen.

Werden mindestens zwei der vorgenannten Kriterien überschritten, so handelt es sich um eine **große Kapitalgesellschaft**. Sie hat einen sehr detaillierten Jahresabschluß (Bilanz, GuV, Anhang) und Lagebericht aufzustellen und zum Handelsregister einzureichen. Es besteht der Zwang zur jährlichen Abschlußprüfung.

Der Vorstand bzw. die Geschäftsführer haben die Unterlagen zum Handelsregister unverzüglich, spätestens jedoch zwölf Monate nach Ende des Geschäftsjahres, einzureichen, nachdem sie den Aktionären bzw. Gesellschaftern vorgelegt wurden; es kommt dabei nicht auf eine etwaige Feststellung oder Beschlußfassung durch den Aufsichtsrat bzw. die Gesellschafter-Versammlung an.

2.2.2. Aktiengesellschaft (AG)

Seit 10. August 1994 gibt es die sog. **„kleine AG"**. Die „kleine AG" ist allerdings weder eine neue Kapitalgesellschaftsform noch eine besondere Variante der AG. Vielmehr verbergen sich hinter dem etwas plakativen Begriff der
„kleinen AG" Gesetzesänderungen, die darauf abzielen, die auf große Publi-
kumsgesellschaften zugeschnittene Rechtsform der AG auch für mittelständi-
sche Unternehmen mit zumeist überschaubarem Gesellschafterkreis zu
öffnen. Die Gesetzesänderungen betreffen vor allem die Ein-Personen-AG,
die erleichterte Satzungsfreiheit sowie Erleichterungen bei der Hauptversammlung.

Da es sich bei der „kleinen AG" um keine besondere Gesellschaftsform handelt, wird sie auch nicht gesondert dargestellt.

2.2.2.1. Register[1] und Firma[2]

Zur Anmeldung sind u.a. die Satzung in Form einer notariellen Urkunde (bei
einer Ein-Personen-Gründung „Errichtungserklärung" genannt), die Urkunden
über die Bestellung des Vorstands und des Aufsichtsrats, der Gründungsbe-
richt und die Prüfungsberichte des Vorstands sowie ggf. der Gründungsprüfer
beim **Handelsregister** einzureichen. Die Eintragung kann unter anderem abgelehnt werden, wenn die vorgenannten Berichte den gesetzlichen Vorschriften nicht entsprechen oder die Sacheinlagen bzw. -übernahmen
überbewertet wurden.

Eingetragen werden die Firma und der Sitz der AG, ihr Gegenstand sowie die
Höhe ihres Grundkapitals und die V   ertretungsbefugnis ihrer Vorstandsmitglieder.

Gehören alle Aktien allein oder neben der   AG einem Aktionär, so ist eine
Mitteilung zum Handelsregister einzureichen. Die Mitteilung hat den Namen,
Vornamen, Geburtsdatum und Wohnort des   **Allein-Aktionärs** sowie den

---

[1] Siehe näher oben 1.3.1.
[2] Siehe näher oben 1.3.1.

Kapitel 1. Deutschland

Zeitpunkt des Entstehens der Ein-Personen-AG zu enthalten. Dies wird aber nicht in das Handelsregister eingetragen.

Die **Firma** der AG hat die Bezeichnung „Aktiengesellschaft", auch allgemein verständlich abgekürzt, zu enthalten. Sie kann einen Namen, auch einen Phantasie-Namen, oder eine Sachbezeichnung enthalten.

Auf **Geschäftsbriefen** hat die AG ihre Rechtsform und ihren Sitz, das Registergericht des Sitzes der AG und die Handelsregister-Nummer sowie den vollen Namen und mindestens einen Vornamen aller Vorstandsmitglieder und des Vorsitzendes des Aufsichtsrates anzugeben; der Vorsitzendes des Vorstandes ist als solcher zu bezeichnen. Werden Angaben über das AG-Kapital gemacht, so ist das Grundkapital und ggf. die Summe der noch ausstehenden Einlagen anzugeben.[1]

2.2.2.2. Organe

Das Gesetz schreibt für die AG drei Organe zwingend vor: Hauptversammlung, Vorstand und Aufsichtsrat. Diese Organe haben, vereinfacht ausgedrückt, folgende Aufgaben: Die Hauptversammlung hat die Aufgabe der internen Willensbildung durch Beschlußfassung der Aktionäre; der Vorstand führt die Geschäfte und vertritt die AG nach außen; während der Aufsichtsrat die Geschäftsführung des Vorstands zu überwachen hat.

2.2.2.2.1. Hauptversammlung

Die Hauptversammlung findet i.d.R. spätestens acht Monate nach Ablauf des Geschäftsjahres statt.

Sie wählt u.a. die Mitglieder des Aufsichtsrats, entscheidet über die Verwendung des Bilanzgewinns sowie über die Entlastung des Vorstands und des Aufsichtsrats und sie bestellt den Abschlußprüfer.

[1] § 80 AktG.

Kapitel 1. Deutschland

Die Hauptversammlung kann nur dann über Fragen der Geschäftsführung entscheiden, wenn der Vorstand es verlangt; sie hat keine Weisungsrechte gegenüber dem Vorstand.

2.2.2.2.2. Aufsichtsrat

Der Aufsichtsrat besteht, je nach Höhe des Grundkapitals, aus drei bis 21 Mitgliedern.[1] Er ist das aus natürlichen, unbeschränkt geschäftsfähigen Personen bestehende Kontrollorgan der AG, das den Vorstand bestellt, ihn überwacht und entläßt. Weiterhin prüft er den Jahresabschluß und stellt diesen fest, prüft den Lagebericht sowie den Gewinnverteilungsvorschlag des Vorstandes.

Die Satzung bzw. der Aufsichtsrat hat einen Katalog zu bestimmen, wonach bestimmte Maßnahmen des Vorstands von grundlegender Bedeutungen[2] der vorherigen Zustimmung des Aufsichtsrats bedürfen.[3]

Die AG unterliegt immer der **Mitbestimmung** der Arbeitnehmer im Aufsichtsrat.[4] Die Mitglieder des Aufsichtsrates werden, soweit es die Aktionäre betrifft, von der Hauptversammlung, soweit es die Arbeitnehmer-Vertreter betrifft, von der Belegschaft gewählt.

---

[1] Näheres in § 95 AktG.

[2] Geschäfte von grundlegender Bedeutung sind solche Vorgänge, die nach den Planungen oder Erwartungen die Ertragsaussichten der Gesellschaft oder ihre Risikopositionen grundlegend verändern und damit eine herausragende Bedeutung für das künftige Schicksal der Gesellschaft haben.

[3] § 111 Abs. 4 AktG n.F. (nach dem am 26.07.2002 in Kraft getretenen Transparenz- und Publizitätsgesetz (TransPuG)).

[4] Bis 2.000 Beschäftigte zu einem Drittel, ab dann der Parität, wobei allerdings der Vorrang der Anteilseigner-Seite durch ein doppeltes Stimmrecht (Letztentscheid) des von ihr berufenen Aufsichtsrats-Vorsitzenden gesichert wird. Außerdem ist ein Platz auf der "Arbeitnehmer-Bank" für einen Vertreter der Leitenden Angestellten reserviert, der eher der Arbeitgeber-Seite zuzurechnen sein wird.

2.2.2.2.3. Geschäftsführung

Der Vorstand, der wie der Aufsichtsrat aus einer oder mehreren natürlichen, unbeschränkt geschäftsfähigen Personen besteht, leitet die AG unter eigener Verantwortung.

Das Gesetz sieht **Gesamt-Geschäftsführung** vor, in der Satzung kann jedoch in engen Grenzen etwas anderes vereinbart werden. Der Aufsichtsrat kann einen Vorstandsvorsitzenden ernennen bzw. der Vorstand einen Sprecher wählen, dabei handelt es sich aber - zumindest theoretisch - um einen den anderen Vorstandsmitgliedern Gleichgestellten. Im Innen-Verhältnis sind die Vorstandsmitglieder verpflichtet, die ihnen durch Satzung, Hauptversammlung, Aufsichtsrat sowie Geschäftsordnung für die Geschäftsführungsbefugnis auferlegten Beschränkungen einzuhalten.

Zwar können Maßnahmen der Geschäftsführung nicht auf den Aufsichtsrat übertragen werden, die Satzung oder der Aufsichtsrat muß allerdings anordnen, daß bestimmte Geschäfte von grundlegender Bedeutung[1] nur mit dessen Zustimmung vorgenommen werden dürfen.

Der Vorstand vertritt die Gesellschaft unbeschränkbar gerichtlich und außergerichtlich. Das Gesetz sieht **Gesamt-Vertretungsbefugnis** vor, die Satzung kann aber sowohl Einzel-Vertretung als auch echte sowie unechte Gesamt-Vertretung einzelner oder aller Vorstandsmitglieder bestimmen.[2]

Der Vorstand hat dem Aufsichtsrat u.a. über die beabsichtigte Geschäftspolitik, die Rentabilität der AG sowie den Gang der Geschäfte zu berichten.

2.2.2.3. Vermögen und Haftung

Siehe zunächst oben 2.2.1.2.

Das in Aktien zerlegte Grundkapital ist der bei Gründung durch die Aktionäre (fortan soll von mehreren Aktionären ausgegangen werden) mindestens auf-

---

[1] Siehe oben 2.2.2.2.2.
[2] Memento, RN 3856.

zubringende Kapitalbetrag, d.h. alle Aktien müssen bei Gründung von den Gründern übernommen werden.[1]

Das gesetzlich vorgeschriebene Mindest-Grundkapital beträgt 50.000 EUR. Bar-Einlagen sind bei der Gründung zu mindestens 25% des Nennbetrags zu erbringen, Prüfbericht-pflichtige Sacheinlagen grundsätzlich vollständig; Dienstleistungen kommen als Einlage nicht in Betracht. Bei Ein-Mann-Gründungen ist für den Rest Sicherheit zu leisten.

In die vom Gesetz zwingend vorgeschriebene Rücklage (gesetzliche Rücklage) müssen solange jährlich 5% des Jahresüberschusses (gemindert um den Verlustvortrag) eingezahlt werden, bis die gesetzliche Rücklage und die Kapitalrücklage zusammen 10% des Grundkapitals betragen, wobei die Satzung auch einen höheren Prozent-Satz vorsehen kann.

Die Höhe des Grundkapitals kann nur durch Satzungsänderung verändert werden. Nur beim sog. „genehmigten Kapital" kann die Satzung den Vorstand für höchstens fünf Jahre ermächtigen, das Grundkapital bis zu einem bestimmten Nennbetrag durch Ausgabe neuer Aktien gegen Einlagen zu erhöhen.[2]

Die AG darf höchstens 10% der eigenen Aktien zurückerwerben, wenn die Hauptversammlung dies beschließt. Erwirbt die AG eigene Aktien, so ist darin eine Rückgewähr der Einlagen zu sehen. Deshalb ist der Rückerwerb nur in wenigen Fällen zugelassen, z.B. um schweren Schaden von der AG abzuwenden oder den Aktien-Erwerb durch Arbeitnehmer der AG zu ermöglichen.

---

[1] Die Übernahme der Aktien wird als „Zeichnung" bezeichnet.
[2] Näheres in §§ 202 ff. AktG.

Kapitel 1. Deutschland

2.2.2.4. Rechnungslegung und Publizität

Siehe zunächst oben 2.2.1.3.

Die „kleine AG" darf nicht mit der kleinen Kapitalgesellschaft [1] verwechselt werden; vielmehr kommt es bei der Beurteilung der „kleinen AG" auf die Erfüllung der oben genannten Kriterien an.

Der Vorstand hat - Ausnahmen bei der kleinen Kapitalgesellschaft siehe oben - in den ersten drei Monaten nach Ende eines Geschäftsjahres den Jahresabschluss (= Bilanz und GuV), den Anhang sowie den Lagebericht aufzustellen und den Abschlussprüfern sowie dem Aufsichtsrat zur Prüfung vorzulegen. Der Aufsichtsrat hat diese zusammen mit dem Vorschlag des Vorstands für die Verwendung des Bil anzgewinns zu prüfen. Billigt der Aufsichtsrat den Jahresabschluss, so ist er festgestellt.

Die Feststellung des Jahresabschlusses kann auch der Hauptversammlung überlassen werden, was aber eher selten vorkommt.[2]

2.2.3. Gesellschaft mit beschränkter Haftung (GmbH)

2.2.3.1. Register[3] und Firma[4]

Der Anmeldung zum **Handelsregister** sind beizufügen: die Satzung in Form einer notariellen Urkunde, die Berufung und Angabe der Vertretungsbefugnisse der Geschäftsführer, soweit diese nicht in der Satzung erfolgte, sowie eine Gesellschafter-Liste, die u.a. Namen, Vornamen, Wohnort und die von den Gesellschaftern übernommenen Stammeinlagen zu enthalten hat, sowie ggf. ein Sachgründungsbericht nebst Unterlagen.

---

[1] Siehe oben 2.2.1.3.
[2] Klunzinger, 3. Kapitel § 8 X 3.
[3] Siehe näher oben 1.3.1.
[4] Siehe näher oben 1.3.1.

64

Eingetragen werden die Firma und der Sitz der GmbH, ihr Gegenstand sowie die Höhe ihres Stammkapitals und die Vertretungsbefugnis ihrer Geschäftsführer.

Die **Firma** der GmbH hat die Bezeichnung „Gesellschaft mit beschränkter Haftung", auch allgemein verständlich abgekürzt, zu enthalten. Sie kann einen Namen, auch einen Phantasie-Namen, oder eine Sachbezeichnung enthalten.

Auf **Geschäftsbriefen** hat die GmbH u.a. ihre Rechtsform und ihren Sitz, das Registergericht des Sitzes der GmbH und die Handelsregister-Nummer sowie den vollen Namen und mindestens einen Vornamen aller Geschäftsführer anzugeben; hat die GmbH einen Aufsicht srat, so ist auch Name und Vorname des Vorsitzenden anzugeben.

2.2.3.2. Organe

2.2.3.2.1. Gesellschafter-Versammlung

Sie hat über die Feststellung des Jahresabschlusses sowie über die Ergebnis-Verwendung spätestens acht M onate nach Ende des Geschäftsjahres, bei kleinen Gesellschaften (siehe oben 2.2.1.3.) binnen elf Monaten, zu beschließen[1].

Weiterhin bestellt die Gesellschafter-Versammlung den oder die Geschäftsführer, beruft diese ab und beschließt über deren Entlastung. Sie prüft und überwacht deren Handlungen und kann ihnen Weisungen erteilen. Darüber hinaus bestellt die Gesellschafter-Versammlung Prokuristen und Handlungsbevollmächtigte, wenn diese für den gesamten Geschäftsbereich tätig sein sollen.

Die Gesellschafter-Versammlung bestellt, falls nötig, den Abschlußprüfer.[2]

---

[1] Siehe hierzu auch unten 2.2.3.4.
[2] Eine Abschlussprüfung ist für kleine Kapitalgesellschaften nicht vorgeschrieben, siehe oben 2.2.1.3.

Kapitel 1. Deutschland

2.2.3.2.2. Geschäftsführung

Die Geschäftsführung umfaßt alle Angelegenheiten der GmbH; insoweit kann auf die Ausführungen oben bei den Personengesellschaften verwiesen werden.

Trifft der Gesellschaftsvertrag keine andere Regelung, so gilt **Gesamt-Geschäftsführung**. Allerdings wird die Satzung bei mehreren Geschäftsführern den einzelnen Geschäftsführern bestimmte Geschäftsbereiche zuweisen.

Das Gesetz sieht wie bei der AG **Gesamt-Vertretungsbefugnis** vor, jedoch kann per Satzung etwas anderes vereinbart werden, im übrigen kann auf die beim AG-Vorstand gemachten Ausführungen verwiesen werden.[1]

Die Geschäftsführer-Bestellung ist jederzeit widerruflich, wobei die Widerruflichkeit durch Gesellschaftsvertrag beschränkbar ist.

2.2.3.2.3. Aufsichtsrat

Die Einrichtung eines Aufsichtsrates ist fakultativ, ab 500 Arbeitnehmern jedoch zwingend, wobei dann der Aufsichtsrat zu 1/3 mit Arbeitnehmer-Vertretern zu besetzen ist.[2] Bei Groß-Betrieben (ab 2.000 Mitarbeiter) ist der Aufsichtsrat paritätisch zu besetzen.[3]

2.2.3.3. Vermögen und Haftung

Siehe zunächst oben 2.2.1.2.

Das Stammkapital ist der bei Gründung durch die Gesellschafter (fortan soll von mehreren Gesellschaftern ausgegangen werden) mindestens aufzubringende und in Stammeinlagen zerlegte Kapitalbetrag.

---

[1] Siehe oben 2.2.2.2.3.
[2] §§ 77, 76 BetrVG 1952. Beim notwendigen Aufsichtsrat ergeben sich einige Unterschiede der GmbH-Organe zueinander; vgl. hierzu Hueck, Gesellschaftsrecht, § 36 I 4.
[3] §§ 1, 7 MitBestG.

Kapitel 1. Deutschland

Das gesetzlich vorgeschriebene Mindest-Stammkapital beträgt 25.000 EUR.[1] Es ist bei der Gründung zu mindestens 25%, mindestens aber 12.500 EUR einzuzahlen. Sach-Einlagen - sie sind nicht Prüfbericht-pflichtig - sind bei Gründung voll zu erbringen; Dienstleistungen können nicht als Einlage erbracht werden.[2] Bei der Ein-Mann-Gründung ist für den Rest Sicherheit zu leisten.

Für die Differenz zwischen Nominalbetrag und Einzahlung auf die Stammeinlage haften die Gesellschafter nicht nur für die eigene Stammeinlage, sondern subsidiär entsprechend ihrer Stammeinlagen auch für die volle Einzahlung des gesamten Stammkapitals (Ausfall-Haftung).

2.2.3.4. Rechnungslegung und Publizität

Siehe zunächst oben 2.2.1.3.

Die Geschäftsführer haben den Jahresabschluß (= Bilanz, GuV und ggf. Anhang) sowie den Lagebericht, den Prüfbericht des Abschlußprüfers sowie des Aufsichtsrates (falls vorhanden) unverzüglich den Gesellschaftern vorzulegen, nachdem ihnen alle Unterlagen zugegangen sind.

Die Gesellschafter haben über die Feststellung des Jahresabschlusses spätestens acht, bei kleinen Gesellschaften [3] spätestens elf Monate nach Ende des Geschäftsjahres und über die Gewinnverwendung zu beschließen. Die vorgenannten Fristen können nicht per Satzung verlängert werden.

---

[1] Zurecht weisen Frank/Wachter, RIW 2002, 11, 26 f., darauf hin, daß die geringe Höhe des Mindest-Stammkapitals Gesellschaftsgläubiger nicht effektiv schützt, sondern lediglich unseriöse Gründungen verhindern soll.

[2] Kraft/Kreutz, Gesellschaftsrecht, M II 2 lit. a aa (3).

[3] Siehe oben 2.2.1.3.

67

Kapitel 2. Frankreich

1. Allgemein

> *Die nachfolgenden allgemeinen Ausführungen gelten für alle hier behandelten Gesellschaftsformen außer der Société en participation (Stille Gesellschaft), soweit nicht ausdrücklich anders vermerkt; wenn also von „allen Gesellschaftsformen" die Rede ist, ist die Société en participation (Stille Gesellschaft) nicht miteingeschlossen.*

Die französischen Gesellschaftsformen sind den deutschen zum großen Teil ähnlich. Nur die Société par Actions Simplifiée (S.A.S. [einfache AG]), eine Variante der S.A. (AG), entspricht keiner deutschen Gesellschaftsform.

Haben die Gesellschafter nicht ganz klar und deutlich eine andere Gesellschaftsform gewählt, so liegt eine Société en Nom Collectif (S.N.C. [OHG]) vor.[1]

1.1. Register und Firma

Die Gesellschafter haben - ähnlich wie die Gesellschafter in Deutschland - u.a. den Gesellschaftsvertrag, der bei allen Gesellschaftsformen zumindest schriftlich geschlossen werden muß,[2] zum **Handels- und Gesellschaftsregister** (Registre du Commerce et des Sociétés, R.C.S., fortan: Handelsregister)[3] einzureichen. Das Handelsregister wird von der Geschäftsstelle (Greffe) des regional zuständigen Handelsgerichts (Tribunal de Commerce)[4] geführt.

---

[1] Jura Europae, Gesellschaftsrecht, Bd. 2, 30.30 Ziff. 1 m.w.N.

[2] Chaussade-Klein, H 3.

[3] Hierzu ausführlich: Eiselsberg/Limon, S. 57 - 64.

[4] In Elsaß-Lothringen: die beim Tribunal de Grande Instance geführte Kammer für Handelssachen (Chambre Commerciale).

Kapitel 2. Frankreich

Das Institut Nationale de la Propriété Industrielle führt ein **zentrales Register** (früher: registre central[1]).[2]

In das Handelsregister und in das zentrale Register kann wie in Deutschland jeder Einsicht nehmen und Auskunft verlangen.[3]

Alle Gesellschaften und die Société en participation (Stille Gesellschaft) als Außen-Gesellschaft haben eine **Firma** (dénomination sociale), die sich entweder auf den Gegenstand des Unternehmens bezieht, ein Phantasie-Name ist oder die den Namen eines Gesellschafters angibt, wenn er zum Gegenstand oder Phantasie-Namen kombiniert worden ist. Unmittelbar nach der Firma muß die Gesellschaftsform ausgeschrieben oder abgekürzt angegeben werden, bei den Kapitalgesellschaften ist zusätzlich die Höhe des Kapitals anzugeben.[4] Gesellschaften mit einem variablen Kapital (capital variable)[5] haben den Zusatz „mit variablem Kapital" auf ihren Geschäftsbriefen zu führen.[6]

Bedeutung

Anders als im deutschen Recht kann man sich in Frankreich auch über die Société Civile (GbR) beim Handelsregister informieren.

Die französische Firma bietet bei Kapitalgesellschaften den Vorteil, daß sie hinsichtlich des Kapitals mehr Informationen enthält als die deutsche Firma.

---

[1] Jura Europae, Gesellschaftsrecht, Band 2, 30.00 Ziff. 35.
[2] Schwappach/Zwernemann, § 37 5 lit. a;
Adresse: INPI, 32, rue des Trois-Fontanot, 92016 Nanterre Cedex.
[3] Sonnenberger/Autexier, Ziff. 128.
[4] Chaussade-Klein, E 1 & H 10.
[5] Siehe unten 3.3.3.3. sowie 3.3.4.3.
[6] Frank/Wachter, RIW 2002, 11, 22.

Kapitel 2. Frankreich

1.2. Vertretung

Dem französischem Recht ist die Gesamt-Vertretung vollkommen unbekannt, es gibt die Gesamt-Vertretung im französischem Recht nicht.[1]

Die Vertretungsmacht der Gesellschaftsorgane[2] erstreckt sich bei den Personengesellschaften auf alle vom Geschäftsgegenstand der Gesellschaft (objet social) gedeckten Geschäfte; bei den Kapitalgesellschaften auch auf solche, die außerhalb liegen. Letzteres gilt nur dann nicht, wenn der Dritte wußte oder hätte wissen können, daß das in Frage stehende Geschäft außerhalb des Geschäftsgegenstands der Gesellschaft liegt.[3]

Die Vertretungsbefugnis kann mit Wirkung gegenüber Dritten nicht eingeschränkt werden, soweit der Gesellschaftsgegenstand reicht.[4]

Bedeutung

Da das französische Recht die Gesamt-Vertretung nicht kennt, sind die Vertretungsverhältnisse einfacher zu durchschauen als in Deutschland.

1.3. Vermögen und Haftung

Bei allen Gesellschaftsformen und bei der Société en participation (Stille Gesellschaft) können Bar- und Sachleistungen als Einlagen erbracht werden. Dienstleistungen hingegen sind grundsätzlich nur bei Personengesellschaf-

---

[1] Hohloch/Tillmanns, RN 66.

[2] Nach französischem Recht sind die Personengesellschaften wie die Kapitalgesellschaften juristische Personen (siehe hierzu sogleich). Aus diesem Grunde haben die Geschäftsführer von Personengesellschaften Organ-Stellung wie im Kapitalsgesellschaftsrecht.

[3] Sonnenberger/Autexier, Ziff. 130; Chaussade-Klein, H 18.

[4] Sonnenberger/Autexier, Ziff. 130; Chaussade-Klein, H 18.

Kapitel 2. Frankreich

ten,[1] auch bei der Société en participation, grundsätzlich aber nicht bei Kapitalgesellschaften zulässig.[2]

Das französische Gesellschaftsrecht kennt neben dem (fixen) Stammkapital bei

- den Personengesellschaften,

- der S.A.S. (einfache AG) und

- der S.A.R.L. (GmbH)

das variable (Stamm-) Kapital (capital variable).[3] Bei den Personengesellschaften wird darauf nicht näher eingegangen, da die Gesellschafter neben dem Gesellschaftsvermögen für die Verbindlichkeiten der Gesellschaft haften.

Alle Gesellschaften sind juristische Personen und erlangen ihre Rechtspersönlichkeit (personnalité morale) mit der Eintragung in das Handelsregister.[4]

Damit ist aber nicht die persönliche Haftung der Gesellschafter der Personengesellschaften S.C. (GbR), der S.N.C. (OHG) und der S.C.S. (KG) ausgeschlossen, sondern besteht - wie bei deutschen Personengesellschaften - neben der Haftung des Gesellschaftsvermögens,[5] so daß sich zum deutschen Personengesellschaftsrecht hieraus kein Unterschied ergibt.

---

[1] Die Einlage eines Kommanditisten kann aber nicht in einer Arbeits- oder Dienstleistung bestehen; siehe unten 3.2.2.4.
[2] Chaussade-Klein, B 4 lit. b.
[3] Siehe hierzu unten 3.3.2.2. sowie 3.2.2.3.
[4] Chaussade-Klein, C I 2 lit. a.
[5] Sonnenberger/Autexier, Ziff. 130.

2. Personengesellschaften

2.1. Vorbemerkungen

Gesellschafter einer Personengesellschaft, die keine Handelstätigkeit[1] betreiben wollen, können zwischen der Société Civilie (S.C., [GbR]), der Société en Nom Collectif (S.N.C., [OHG]) und der Société en Commandite Simple (S.C.S., [KG]) frei wählen. Eine Handelsgesellschaft kann auch ein Nicht-Handelsgewerbe ausüben, während ein Handelsgewerbe nur von einer Handelsgesellschaft ausgeübt werden kann.[2] Betreibt eine S.C. (GbR) unzulässigerweise ein Handelsgewerbe, so werden die Regeln der S.N.C. (OHG) auf sie angewandt; man spricht dann von einer Société Créée de Fait.[3]

2.2. Société civile (S.C.)

Vergleichbar der GbR.

Zweck der S.C. muß, anders als bei der deutschen GbR, die Erzielung von Gewinn bzw. Ersparnissen sein.[4]

Die S.C. wird vor allem für Grundstücksgesellschaften (Société Civile Immobilière) verwendet. Eine Art dieser Grundstücksgesellschaft ist die Société Civile de Construction-Vente, die auf die Errichtung und den Verkauf (aber nicht bloßer Ankauf zum Zwecke des Verkaufs)[5] einer oder mehrerer Immobilien gerichtet ist.[6] Weiterhin tritt die S.C. u.a. als Holding-Gesellschaft über eine oder mehrere S.A. (AG) auf.[7] Konsortien und Arbeitsgemeinschaften (ARGE) werden nicht in Form der S.C. gegründet, sondern in Form der wirt-

---

[1] Zum Begriff des Handelsgeschäfts bzw. -gewerbes siehe näher: Sonnenberger/Autexier, Ziff. 124.
[2] Chaussade-Klein, C I 2 lit. b.
[3] Schwappach/Zwernemann, Kapitel VIII, § 37 3 lit. h).
[4] Chaussade-Klein, B 1.
[5] Hohloch/Tillmanns, RN 35.
[6] Hohloch/Tillmanns, RN 30.
[7] Hohloch/Tillmanns, RN 30.

Kapitel 2. Frankreich

schaftlichen Interessenvereinigung (Groupement d'Intérêt Economique) oder als Société en participation.[1]

Zu **Register und Firma** siehe oben 1.1.

2.2.1. Geschäftsführung und Vertretung

Zur **Vertretung** siehe zunächst oben 1.2.

Zu Geschäftsführern können nicht nur die Gesellschafter, sondern auch Dritte, die auch juristische Personen sein können, bestellt werden (Prinzip der Drittorganschaft); das französische Personengesellschaftsrecht ist insofern dem Kapitalgesellschaftsrecht angenähert. Werden juristische Personen zu Geschäftsführern einer Personengesellschaft bestellt, so handeln deren Organe für die zum Geschäftsführer bestellte juristische Person; diese Konstellation kann am ehesten mit der deutschen GmbH & Co. KG verglichen werden.

Die Geschäftsführer haben **Einzel-Geschäftsführung**, wobei jedem Geschäftsführer ein Widerspruchsrecht gegen Maßnahmen eines anderen Geschäftsführers zusteht. Im Falle eines solchen Widerspruchs entscheidet die Gesellschafter-Versammlung.[2]

Die Geschäftsführer können grundsätzlich alle im Interesse der S.C. liegenden Geschäfte vornehmen.[3]

2.2.2. Vermögen und Haftung

Siehe hierzu zunächst oben 1.3.

Die S.C., die juristische Person ist, hat wie die deutsche GbR ein eigenes **Gesellschaftsvermögen** (patrimoine sociale) und ist mit einem im Gesell-

---

[1] Hohloch/Tillmanns, RN 29.
[2] Hohloch/Tillmanns, RN 65
[3] Chaussade-Klein, H 17.

schaftsvertrag anzugebenden Gesellschaftskapital auszustatten, wobei ein Mindest-Kapital gesetzlich nicht vorgeschrieben ist.[1]

Alle Einlage-Formen (Bar- und Sacheinlage sowie Dienstleistungen) sind möglich und keiner gesetzlichen Prüfung unterzogen,[2] worauf es aber wegen der persönlichen Haftung der Gesellschafter weniger ankommt.

Die Gesellschafter **haften** persönlich und im Verhältnis ihrer Anteile, also nicht gesamtschuldnerisch.[3] Der Gesellschafter, der einen Beitrag in Form einer Dienstleistung eingebracht hat, haftet wie der Mit-Gesellschafter, der die Sacheinlage mit dem geringsten Wert erbracht hat.[4]

Die Gesellschaftsgläubiger müssen zuerst erfolglos gegen die S.C. vollstreckt haben, bevor sie auf das Privatvermögen der Gesellschafter zugreifen können.[5]

Betreibt eine S.C. unzulässigerweise ein Handelsgewerbe, so werden die Regeln der S.N.C. (OHG) auf sie angewandt; man spricht dann von einer Société Créée de Fait.[1]

Bedeutung

Die Gläubiger einer S.C. stehen schlechter als die einer deutschen GbR, da sie erst gegen die S.C. vollstreckt haben müssen, bevor sie sich an den Gesellschafter halten können. Das französische Recht schützt die S.C.-Gesellschafter mehr als das deutsche Recht.

Wie im deutschen Recht können **Gesellschafter** einer S.C. sowohl natürliche als auch juristische Personen sein,[2] wobei zu beachten ist, daß Nach dem

---

[1] Chaussade-Klein, H 4, 9, 11.
[2] Chaussade-Klein, H 13.
[3] Chaussade-Klein, C I 1. Man spricht bei dieser Haftung der Gesellschafter von „gemeinschaftlicher Haftung".
[4] Chaussade-Klein, H 15.
[5] Chaussade-Klein, H 15.

französischen Recht auch die Personengesellschaften S.C. (GbR), S.N.C. (OHG) und S.C.S. (KG) juristische Personen sind.

2.2.3. Gesellschafter-Wechsel

Die **Übertragung** eines Gesellschaftsanteils bedarf der Zustimmung der übrigen Gesellschafter, es sei denn, der Gesellschaftsanteil wird an einen Abkömmling oder Vorfahr übertragen. In beiden Fällen kann der Gesellschaftsvertrag etwas anderes vorsehen.[3]

Der **ausscheidende Gesellschafter** bleibt für die Verbindlichkeiten der S.C. haftbar, die bis zu seinem Ausscheiden fällig waren.[4]

Der **eintretende Gesellschafter** haftet nur für die Verbindlichkeiten, die nach seinem Eintritt fällig werden,[5] er haftet also nur für Verbindlichkeiten, die zwar vor seinem Eintritt bereits bestanden bzw. begründet waren, aber erst nach seinem Eintritt fällig wurden. Für vor seinem Eintritt fällig gewordene Forderungen haftet er folglich nicht.

2.2.4. Rechnungslegung und Publizität

Der Geschäftsführer ist gesetzlich nur dazu verpflichtet, den Gesellschaftern einen schriftlichen Bericht über die Geschäftsführung mit der Angabe der Gewinne und Verluste vorzulegen.[6] Ebensowenig wie die deutsche GbR ist die S.C. zur Publizität verpflichtet.[7]

---

[1] Schwappach/Zwernemann, Kapitel VIII, § 37 3 lit. h).
[2] Hohloch/Tillmanns, RN 29.
[3] Jura Europae, Gesellschaftsrecht, Bd. 2, 30.4 Ziff. 9.
[4] Hohloch/Tillmanns, RN 77.
[5] Hohloch/Tillmanns, RN 77.
[6] Chaussade-Klein, H 22.
[7] Chaussade-Klein, H 26.

2.3. Société en participation[1]

Teilweise vergleichbar der Stillen Gesellschaft.

Die Société en participation ist weit verbreitet.[2]

Sie kann

* als stille Gesellschaft (société occulte) eine reine Innen-Gesellschaft sein oder

* eine Außen-Gesellschaft (société ostensible).[3]

Ist der Gesellschaftszweck ein Handelsgewerbe, so werden die S.N.C. (OHG)-Vorschriften angewandt, ansonsten die S.C. (GbR)-Vorschriften.[4]

2.3.1. Register und Firma

Die Société en participation kann wie die deutsche Stille Gesellschaft durch formlosen Vertrag gegründet werden.[5] Sie wird nicht in das **Handelsregister**[6] eingetragen und ist deshalb nicht rechtsfähig.

Zur **Firma**, die die Gesellschafter nur vereinbaren können, wenn die Société en participation als Außen-Gesellschaft geführt wird,[7] siehe oben 1.1.

2.3.2. Geschäftsführung und Vertretung

Ist im Gesellschaftsvertrag nichts anderes vereinbart, sind alle Gesellschafter Geschäftsführer,[8] die aber Einzel-Vertretungsmacht besitzen, weil das französische Recht die Gesamtvertretung nicht kennt.[1]

---

[1] Eine allgemein übliche Abkürzung gibt es nicht.
[2] Chaussade-Klein, H 2.
[3] Chaussade-Klein, C I 3 lit. a.
[4] Chaussade-Klein, C I 3 lit. a.
[5] Chaussade-Klein, H 3.
[6] Siehe näher hierzu oben 1.1.
[7] Chaussade-Klein, H 10.
[8] Chaussade-Klein, H 16.

Kapitel 2. Frankreich

Bei einer Innen-Gesellschaft (Société occulte) handelt der Geschäftsführer wie bei einer deutschen Stillen Gesellschaft im eigenen Namen, ansonsten gelten die sogleich aufgeführten Ausnahmen.[2]

2.3.3. Vermögen und Haftung

Siehe hierzu zunächst oben 1.3.

Die Société en participation verfügt weder über eigenes Kapital noch über **Vermögen** (patrimoine social).[3] Die Gesellschafter haben aber eine Einlage zu erbringen, wobei alle Arten von Einlagen möglich sind.[4]

Grundsätzlich wird nur der ein Geschäft abschließende Gesellschafter (meist Geschäftsführer) verpflichtet.[5] Hiervon gibt es jedoch folgende Ausnahmen:

- Sind alle Gesellschafter einer ein Handelsgewerbe betreibenden Société en participation nach außen hervorgetreten und ist einer davon eine Verpflichtung eingegangen, so haften alle Gesellschafter wie bei einer S.N.C. (OHG) gesamtschuldnerisch; betreibt die Société en participation kein Handelsgewerbe, so haften die Gesellschafter nicht gesamtschuldnerisch, vielmehr haften sie wie S.C. (GbR)-Gesellschafter;[6]

- ein sich in die Geschäftsführung einmischender Gesellschafter wird neben dem geschäftsführenden Gesellschafter verpflichtet;

- der Gesellschafter, der aus einem Geschäft Gewinn erzielt, wird ebenfalls verpflichtet.[7]

---

[1] Siehe oben 1.2.
[2] Chaussade-Klein, H 16.
[3] Chaussade-Klein, H 9 sowie H 11.
[4] Chaussade-Klein, H 13. Die Gesellschafter können entweder vereinbaren, daß sie mit ihren Einlagen eine Gesamthandsgemeinschaft bilden (die Société en participation ähnelt dann einer deutschen GbR) oder ein Gesellschafter Dritten gegenüber als Allein-Eigentümer des Gesamthandsvermögens auftritt (die Société en participation ist in diesem Fall einer deutschen Stillen Gesellschaft ähnlich). (Chaussade-Klein, H 13).
[5] Chaussade-Klein, H 15.
[6] Chaussade-Klein, H 15.
[7] Chaussade-Klein, H 15.

Grundsätzlich kann jede natürliche und juristische Person **Gesellschafterin** der Société en participation sein. Betreibt die Société en participation aber ein Handelsgewerbe, so kann eine S.C. (GbR) nicht Gesellschafterin sein.[1]

2.3.4. Gesellschafter-Wechsel

Ist der Gesellschaftszweck ein Handelsgewerbe, so werden die S.N.C. (OHG)-Vorschriften angewandt (siehe hierzu unten 3.2.1.3.), ansonsten die S.C. (GbR)-Vorschriften (siehe hierzu oben 2.2.3.).[2]

2.3.5. Rechnungslegung und Publizität

Die Société en participation, die ein Handelsgewerbe betreibt, ist wie die S.N.C. (OHG) zur Aufstellung und externen Prüfung eines Jahresabschlusses[3] und ebensowenig wie die S.N.C. (OHG) zur Publizität[4] verpflichtet.[5]

Bedeutung

Man kann die Société en participation nicht pauschal mit der deutschen stillen Gesellschaft gleichsetzen. Wie die deutsche stille Gesellschaft wird die Société en participation nicht in das Handelsregister eingetragen. Insbesondere aus diesem Grunde erfreut sie sich großer Beliebtheit.

Nur als reine Innen-Gesellschaft (société occulte) entspricht die Société en participation der stillen Gesellschaft. Im übrigen ist zu unterscheiden: Betreibt die Société en participation ein Handelsgewerbe, entspricht sie eher der deutschen OHG, ansonsten eher der deutschen GbR.

---

[1] Chaussade-Klein, C I 3 lit. a.
[2] Chaussade-Klein, C I 3 lit. a.
[3] Siehe unten 3.1.
[4] Siehe unten 3.2.1.4.
[5] Chaussade-Klein, H 21, 25 f.

3. Handelsgesellschaften

3.1. Rechnungslegung

Die nachfolgenden Ausführungen über die Rechnungslegung gelten für alle Handelsgesellschaften, d.h. für die Personenhandelsgesellschaften Société en Nom Collectif (Abk.: SNC [OHG]) und Société en Commandite Simple (Abk.: S.C.S. [KG]) sowie die Kapitalgesellschaften Société Anonyme (Abk.: S.A. [AG]), Société par Actions Simplifiée (Abk.: S.A.S. [einfache AG]) und Société à Responsabilité Limitée (Abk.: S.A.R.L. [GmbH]).

Alle hier behandelten Handelsgesellschaften sind zur Erstellung des Jahresabschlusses (bilan de fin d'année) und des Lageberichts (rapport de gestion) verpflichtet.[1]

Der Jahresabschluß besteht aus der Bilanz (bilan), der GuV (compte de résultat) sowie dem Anhang (annexe), der die Bilanz und die GuV erläutern soll.[2]

Der Lagebericht hat u.a. wie nach deutschen Recht zu enthalten: Informationen über evtl. Änderungen der Bewertungsmethoden, ggf. die Lage der Filialen und die Beteiligungen, sowie die in den letzten drei Geschäftsjahren ausgezahlten Dividenden. Außerdem ist den Gesellschaftern eine Zusammenstellung der Ergebnisse (résultats) der letzten fünf Geschäftsjahre vorzulegen.[3]

Der Jahresabschluß ist von einem oder mehreren externen Abschlußprüfern (commisaire aux comptes) zu prüfen und bestätigen, wenn zwei der drei folgenden Kriterien erfüllt sind:

- Bilanzsumme mindestens EUR 1,525 Mio.,

---

[1] Chaussade-Klein, H 22.
[2] Chaussade-Klein, H 22.
[3] Chaussade-Klein, H 23.

- Jahres-Umsatz mindestens EUR 3,050 Mio. oder

- mindestens 50 Arbeitnehmer im Jahresdurchschnitt.

3.2. Personenhandelsgesellschaften

3.2.1. Société en Nom Collectif (S.N.C.)

Vergleichbar der OHG.

Haben die Gesellschafter nicht ganz klar und deutlich eine andere Gesellschaftsform gewählt, so liegt eine S.N.C. vor.[1]

Zu **Register und Firma** siehe oben 1.2.

3.2.1.1. Geschäftsführung und Vertretung

Zur **Vertretung** siehe zunächst oben 1.2.

Wie bei der deutschen OHG steht jedem S.N.C.-Gesellschafter grundsätzlich **Einzel-Geschäftsführungsbefugnis** zu, wobei der Geschäftsführer alle Geschäftsführungsmaßnahmen (actes de gestion) vornehmen kann, die im Interesse der S.N.C. sind.[2] Den anderen Gesellschaftern steht gegen solche Geschäftsführungsmaßnahmen lediglich ein Widerspruchsrecht zu.[3] Im Falle eines Widerspruchs entscheidet die Gesellschafter-Versammlung.[4] Das ausgeübte Widerspruchsrecht eines Geschäftsführers kann Dritten nicht entgegengehalten werden, es sei denn, diese haben Kenntnis hiervon gehabt.[5]

---

[1] Jura Europae, Gesellschaftsrecht, Bd. 2, 30.30 Ziff. 1 m.w.N.
[2] Chaussade-Klein, H 17.
[3] Chaussade-Klein, H 16.
[4] Hohloch/Tillmanns, RN 65
[5] Chaussade-Klein, H 18.

Zu Geschäftsführern können nicht nur die Gesellschafter, sondern auch Dritte, die auch juristische Personen sein können, bestellt werden (Prinzip der Drittorganschaft); das französische Personengesellschaftsrecht ist insofern dem Kapitalgesellschaftsrecht angenähert. Werden juristische Personen zu Geschäftsführern einer Personengesellschaft bestellt, so handeln deren Organe für die zum Geschäftsführer bestellte juristische Person; diese Konstellation kann am ehesten mit der deutschen GmbH & Co. KG verglichen werden.

3.2.1.2. Vermögen und Haftung

Zum **Vermögen** und zur **Haftung** siehe zunächst oben 1.3.

Die S.N.C., die juristische Person ist, hat wie die deutsche OHG ein eigenes **Gesellschaftsvermögen** (patrimoine sociale) und ist mit einem im Gesellschaftsvertrag anzugebenden Gesellschaftskapital auszustatten, wobei ein Mindest-Kapital gesetzlich nicht vorgeschrieben ist.[1]

Alle Einlage-Formen (Bar- und Sacheinlage sowie Dienstleistungen) sind möglich und keiner gesetzlichen Prüfung unterzogen,[2] worauf es aber wegen der persönlichen Haftung der Gesellschafter weniger ankommt.

Alle Gesellschafter haften unmittelbar, unbeschränkt und gesamtschuldnerisch, wenn die S.N.C. mit der Begleichung ihrer Verbindlichkeit seit mindestens acht Tagen in Verzug ist.[3]

---

[1] Chaussade-Klein, H 4, 9, 11.
[2] Chaussade-Klein, H 13.
[3] Chaussade-Klein, H 15.

Bedeutung

Faktisch besteht hinsichtlich der Haftung der Gesellschafter eine Parallelität zum Recht der OHG, denn kein Gläubiger wird die hinter der S.N.C. stehenden Gesellschafter in Anspruch nehmen, ohne die S.N.C. zuvor in Verzug gesetzt zu haben.

Ebensowenig wie bei der deutschen OHG kann eine S.C. (GbR) nicht **Gesellschafterin** der S.N.C. sein.[1]

3.2.1.3. Gesellschafter-Wechsel

Das Gesetz schreibt für die Übertragung von Anteilen unter Lebenden zwingend die Zustimmung sämtlicher Gesellschafter vor.[2]

Der **ausscheidende Gesellschafter** haftet nur für die Gesellschaftsverbindlichkeiten, die vor seinem Ausscheiden bereits bestanden. Wurde sein Ausscheiden nicht ordnungsgemäß bekannt gemacht, so haftet er auch für danach entstandene Gesellschaftsverbindlichkeiten.[3]

Der **eintretende Gesellschafter** haftet immer für die nach seinem Eintritt begründeten Verbindlichkeiten. Wird nicht eine entsprechende Satzungsklausel ordnungsgemäß veröffentlicht, so haftet er auch für die vor seinem Eintritt begründeten Verbindlichkeiten.[4]

Der Gesellschafter-Wechsel ist wie die Gründung der Gesellschaft in das Handelsregister einzutragen, in einem Amtsblatt sowie im amtlichen Anzeiger (B.O.D.A.C.C.) bekannt zu machen, sonst kann er einem Gesellschaftsgläubiger nicht entgegengehalten werden, d.h. der Ausscheidende haftet weiter, als ob er nicht ausgeschieden wäre.[5]

---

[1] Hohloch/Tillmanns, RN 33.
[2] Chaussade-Klein, H 14.
[3] Hohloch/Tillmanns, RN 108.
[4] Hohloch/Tillmanns, RN 108.
[5] Hohloch/Tillmanns, RN 133.

Kapitel 2. Frankreich

Bedeutung

Unterschiede ergeben sich insbesondere bei der Haftung des neu eintreten-
den Gesellschafters, der bei der deutschen OHG immer auch für Alt-
Verbindlichkeiten haftet, während in Frankreich die Haftung auf die nach dem
Eintritt entstandenen Verbindlichkeiten beschränkt werden kann. In Deutsch-
land haften den Gesellschaftsgläubigern demnach bei einem Gesellschafter-
Wechsel mehr Gesellschafter als in Frankreich.

3.2.1.4. Rechnungslegung und Publizität

Zur **Rechnungslegung** siehe zunächst oben 3.1.

Der Geschäftsführer hat den Jahresabschluß und den Lagebericht binnen
sechs Monaten nach Ablauf des Geschäftsjahres der Gesellschafterversammlung zur Feststellung vorzulegen.[1]

Die S.N.C. ist gesetzlich nicht zur Offenlegung ihres Jahresabschlusses bzw.
Lageberichts verpflichtet, sie hat beides nicht zum Handelsregister einzureichen.[2]

---

[1] Chaussade-Klein, H 21.
[2] Chaussade-Klein, H 26.

3.2.2. Société en Commandite Simple (S.C.S.)

Vergleichbar der KG.

Die Société en Commandite Simple kommt in der Praxis aus steuerlichen Gründen kaum vor.[1]

Wie die Regeln über die deutsche KG auf denen der OHG aufbauen, so bauen auch die Vorschriften über die S.C.S. auf denen der S.N.C. (OHG) auf.

3.2.2.1. Register und Firma

Siehe hierzu zunächst oben 1.1.

Der Kommanditist (commanditaire) kann in der **Firma** (dénomination sociale) erscheinen, ohne daß er dadurch seine Stellung als beschränkt haftender Gesellschafter verliert.[2]

3.2.2.2. Geschäftsführung und Vertretung

Zur **Geschäftsführung** siehe zunächst oben 2.2.1., zur **Vertretung** siehe zunächst oben 1.2.

Von den Gesellschaftern können nur die Komplementäre Geschäftsführer sein, nicht aber die Kommanditisten. Darüber hinaus können wie bei der S.N.C. (OHG) Dritte, auch juristische Personen, zu Geschäftsführern bestellt werden.[3]

Wie bei der deutschen KG sind die Kommanditisten von der organschaftlichen Vertretung der S.C.S. ausgeschlossen.

3.2.2.3. Vermögen und Haftung

Siehe zunächst oben 1.3.

---

[1] Bernstorff, 14.2.5; Chaussade-Klein, H 2; Hohloch/Tillmanns, RN 145.
[2] Chaussade-Klein, H 10.
[3] Chaussade-Klein, H 16.

Die S.C.S., die juristische Person ist, hat wie die deutsche KG ein eigenes **Gesellschaftsvermögen** (patrimoine sociale) und ist mit einem im Gesellschaftsvertrag anzugebenden Gesellschaftskapital auszustatten, wobei ein Mindest-Kapital gesetzlich nicht vorgeschrieben ist.[1]

Die Komplementäre können ihre Einlage in jeder Form (Bar- und Sacheinlage sowie Dienstleistungen) erbringen und werden keiner gesetzlichen Prüfung unterzogen,[2] worauf es wegen ihrer persönlichen Haftung nicht ankommt.

Kommanditisten können keine Dienstleistung als Einlage erbringen, weil sie von der Geschäftsführung ausgeschlossen sind.[3]

Die Komplementäre haften unmittelbar, unbeschränkt und gesamtschuldnerisch, wenn die S.N.C. mit der Begleichung ihrer Verbindlichkeit seit mindestens acht Tagen in Verzug ist.[4]

Die Kommanditisten haften grundsätzlich nur bis zur Höhe ihrer Einlagen für die Schulden der S.C.S., aber unbeschränkt und gesamtschuldnerisch, wenn sie sich in der Geschäfte der S.C.S. eingemischt haben.[5] Solange der Kommanditist seine Einlage nicht geleistet hat, kann er von den Gesellschaftsgläubigern unmittelbar verklagt werden.[6]

Ebensowenig wie bei der deutschen KG kann eine S.C. (GbR) nicht **Gesellschafterin** der S.C.S. sein.[1]

3.2.2.4. Gesellschafter-Wechsel

Zur Übertragung des **Anteils eines Komplementärs** siehe oben 3.2.1.3.

Grundsätzlich kann der Gesellschaftsanteil eines Kommanditisten nur mit Zustimmung der übrigen Gesellschafter übertragen werden. Der Gesellschafts-

---

[1] Chaussade-Klein, H 4, 9, 11.
[2] Chaussade-Klein, H 13.
[3] Chaussade-Klein, B 4 lit. b.
[4] Chaussade-Klein, H 15.
[5] Chaussade-Klein, H 15.
[6] Sonnenberger/Autexier, Ziff. 132.

vertrag kann aber entweder vorsehen, daß der Kommanditist seinen Anteil ohne Zustimmung der übrigen Gesellschafter auf einen anderen Gesellschafter übertragen kann, oder mit Zustimmung aller Komplementäre und der nach Köpfen und Kapitalanteilen berechneten Mehrheit der Kommanditisten auf einen Dritten übertragen kann.[2]

Zu **Rechnungslegung und Publizität** siehe oben 3.2.1.4.

3.3. Kapitalgesellschaften

3.3.1. Publizität

Die nachfolgenden Ausführungen über die Publizität gelten für alle Kapitalgesellschaften, d.h. für die Société Anonyme (Abk.: S.A. [AG]), die Société par Actions Simplifiée (Abk.: S.A.S. [einfache AG]) sowie für die Société à Responsabilité Limitée (Abk.: S.A.R.L. [GmbH]).

Die Kapitalgesellschaften müssen den Jahresabschluss[3] und den Lagebericht, ggf. die Berichte des Aufsichtsrates, des Rechnungsprüfers und den Vorschlag für die Verwendung der Geschäftsergebnisse (projet d'affectation du résultat), ggf. die konsolidierten Jahresabschlüsse (comptes consolidés) zum Handelsregister innerhalb eines Monats nach der Haupt- bzw. Gesellschafterversammlung einreichen. Die Hinterlegung ist im Anzeigenblatt (Bulletin des annonces civiles et commerciales B.O.D.A.C.C.) bekanntzumachen.[4]

---

[1] Hohloch/Tillmanns, RN 33.
[2] Chaussade-Klein, H 14.
[3] Siehe näher hierzu oben 3.1.
[4] Chaussade-Klein, H 26.

3.3.2. Société Anonyme (S.A.)

Vergleichbar der AG.

Nur der Vollständigkeit halber sei die wenig verbreitete **Société anonyme à participation ouvrière** erwähnt, bei der die Arbeitnehmer an der Geschäftsführung und an den Gewinnen beteiligt sind.[1]

Zu **Register und Firma** siehe oben 1.1.

3.3.2.1. Organe

3.3.2.1.1. Hauptversammlung

Die Hauptversammlung (Assemblée Générale des Actionaires) findet spätestens sechs Monate nach Ablauf des Geschäftsjahres statt.

Der S.A.-Hauptversammlung kommen mehr Kompetenzen zu als der Hauptversammlung einer deutschen AG: Sie prüft und genehmigt den Jahresabschluß, entscheidet über die Verwendung des Gewinns, ernennt die Verwaltungs- bzw. Aufsichtsratsmitglieder sowie die Abschlußprüfer und beruft diese ab. Weiterhin kann sie den Verwaltungsrat zu außerordentlichen Geschäften ermächtigen.

3.3.2.1.2. Geschäftsführung

Hinsichtlich der Verwaltung und Kontrolle der S.A. besteht in Frankreich Wahlfreiheit zwischen dem traditionellen monistischen System der Verwaltungsräte (hierzu sogleich) und dem 1968 eingeführten, der deutschen AG ähnlichen dualistischen System mit Aufsichtsrat und Vorstand (hierzu ebenfalls sogleich).[2] Traditionell wird das monistische System bevorzugt; vom dualistischen System wird kaum Gebrauch gemacht: 1997 waren nur 2,3%

---

[1] Chaussade-Klein, C I 4 lit. a.
[2] Nagel, Gesellschaftsrecht, XIV 1, S. 298.

der S.A. nach dem dualistischen System organisiert, darunter allerdings auch so bedeutende Unternehmen wie Carrefour und Peugeot.[1]

Die Umwandlung einer S.A. mit monistischem System in eine mit dualistischen System und umgekehrt ist zulässig.[2]

3.3.2.1.2.1. Monistisches System

(mit Verwaltungsrat und Generaldirektion, aber ohne Aufsichtsrat)

Ein von der Hauptversammlung gewählter Verwaltungsrat (Conseil d'administration) mit drei bis 18[3] Mitgliedern einschließlich eines vom Verwaltungsrat benannten Präsidenten (Président du Conseil), der eine natürliche Person sein muß, ist sowohl für die Verwaltung als auch für die Kontrolle zuständig. Dabei ist zu beachten, daß jedes Verwaltungsratsmitglied Aktionär sein muß.[4] Ist eine juristische Person Mitglied des Verwaltungsrats, was in einer deutschen AG nicht möglich ist, so benennt sie einen ständigen Vertreter.

Die Mitglieder des Verwaltungsrats können jederzeit zurücktreten bzw. von der Hauptversammlung abberufen werden.[5]

Einen Teil seiner Kompetenzen kann der Verwaltungsrat auf seinen Präsidenten übertragen, der damit zugleich Generaldirektor (Directeur Général [DG]) und folglich als Präsident Generaldirektor (Président Directeur Général [PDG]) bezeichnet wird. Der Verwaltungsrat kann auf Vorschlag des PDG zu dessen Unterstützung unabhängig von der Kapitalhöhe bis zu fünf[6] weitere, dem PDG nachgeordnete Generaldirektoren (Directeur Général Délégué, DGD)[7] ernennen.[8] Der Generaldirektor bzw. Präsident Generaldirektor und

---

1 Sonnenberger/Autexier, Ziff. 134.
2 Jura Europae, Gesellschaftsrecht, Bd. 2, 30.10 Ziff. 67.
3 Storp, RIW 2002, 409, 414.
4 Sonnenberger/Autexier, Ziff. 134.
5 Storp, RIW 2002, 409, 413; Sonnenberger/Autexier, Ziff. 134.
6 Storp, RIW 2002, 409, 413.
7 Vor der Gesetzesänderung zum 18.05.2001 lautete der Titel Directeur Général (Storp, RIW 2002, 409, 411 f.).
8 Chaussade-Klein, H 17.

die nachgeordneten Generaldirektoren bilden zusammen die Generaldirektion (Direction Générale).[1]

Bisher war der Präsident des Verwaltungsrats zugleich automatisch Generaldirektor, also Präsident Generaldirektor. Aufgrund einer Gesetzesänderung zum 18.05.2001 besteht nun aber die Möglichkeit, diese beiden Ämter zu trennen,[2] wobei der Gesetzgeber eine Trennung bevorzugt. Bis zum 16.11.2002 mußte jeder Verwaltungsrat entscheiden, ob sein Präsident gleichzeitig Präsident Generaldirektor sein soll oder nicht.[3]

Der Verwaltungsrat beschließt die Leitlinien der Unternehmenspolitik sowie die wichtigsten Maßnahmen und kontrolliert die Generaldirektion.[4]

Die Generaldirektion erledigt die laufenden Geschäfte der S.A. und führt die Beschlüsse des Verwaltungsrats bzw. der Hauptversammlung aus; sie hat weitgehende Befugnisse, um im Namen der S.A. handeln.[5]

Weiterhin kann es in der S.A. noch technische Direktoren (directeurs techniques) geben. Sie sind aber nicht Bevollmächtigte, sondern höhere Angestellte per Arbeitsvertrag.[6]

Die **Allein-Vertretungsbefugnis** der Mitglieder des Verwaltungsrats, des Präsident Generaldirektors sowie der einzelnen Generaldirektoren können wie bei der deutschen AG nicht mit Wirkung gegen Dritten eingeschränkt werden.[7]

Wird eine Generaldirektion gebildet, so ähnelt die Konstruktion Verwaltungsrat - Generaldirektion zwar auffällig der deutschen Konstruktion Aufsichtsrat - Vorstand.[8] Der Unterschied besteht aber darin, daß der Aufsichtsrat einer AG

---

[1] Storp, RIW 2002, 409, 411.
[2] Storp, RIW 2002, 409, 411 f.
[3] Storp, RIW 2002, 409, 412 f.
[4] Storp, RIW 2002, 409, 411 f.
[5] Chaussade-Klein, H 17.
[6] Jura Europae, Gesellschaftsrecht, Bd. 2, 30.10 Ziff. 83.
[7] Chaussade-Klein, H 18, Storp, RIW 2002, 409, 412 FN 25.
[8] Ebenso: Sonnenberger/Autexier, Ziff. 134.

ein reines Kontrollorgan ist, obgleich mittlerweile zu bestimmten Vorstands-
Entscheidungen von grundlegender Bedeutung die Zustimmung des Aufsichtsrats erforderlich ist, während der Verwaltungsrat einer S.A. sowohl Ge-
schäftsführungs- als auch Kontroll-Aufgaben hat.

3.3.2.1.2.2. Dualistisches System (mit Aufsichtsrat und Vorstand)

Eine der deutschen AG gleichende S.A. mit Aufsichtsrat und Vorstand wird
als "S.A. à directoire" bezeichnet.

Der **Aufsichtsrat** (Conseil de Surveillance) besteht aus drei bis 24 Mitgliedern inklusive den aus den eigenen Reihen gewählten Präsidenten (Président du Conseil) und Vize-Präsidenten (Vice-Président du Conseil); sie
müssen Aktionäre sein und können natürliche oder juristische Personen sein.
Der Aufsichtsrat kontrolliert den Vorstand (Directoire) und stimmt in bestimmten Fällen dessen Geschäften zu.[1]

Der **Vorstand** besteht aus zwei bis fünf Mitgliedern[2] sowie dem Vorstandsvorsitzenden (Président), bei denen es sich um natürliche Personen, aber
nicht um Aktionäre handeln muß. Er wird vom Aufsichtsrat gewählt und auf
dessen Vorschlag von der Hauptversammlung abgewählt. Der Vorstand führt
die Verwaltungsgeschäfte der S.A. Die Satzung kann seine Befugnisse da-
hingehend einschränken, daß für bestimmte Geschäfte die Zustimmung des
Aufsichtsrates erforderlich ist.[3] Das Gesetz sieht ein solches Zustimmungs-
erfordernis u.a. für den Verkauf von Grundstücken, für die Abtretung von
Beteiligungen, für die Bestellung von Sicherheiten und für das Eingehen von
Bürgschaften vor.[1]

Nur der Vorstandsvorsitzende vertritt die S.A. nach außen und ist vertretungsberechtigt; andere Vorstandsmitglieder können durch Ernennung des

---

[1] Chaussade-Klein, H 17.

[2] Hat die S.A. ein Grundkapital von weniger als FFR 600'000, so kann der Vorstand aus
einer Person als alleiniger Generaldirektor (directeur général unique) bestehen (Jura Europae, Gesellschaftsrecht, Bd. 2, 30.10 Ziff. 85).

[3] Insofern hat das in Deutschland am 26.07.2002 in Kraft getretene Transparenz- und Publizitätsgesetz TransPuG (siehe Kapitel 1, 3.2.2.3.2. f.) das deutsche Recht dem französischen angenähert.

Kapitel 2. Frankreich

Aufsichtsrates vertretungsberechtigt sein (sie heißen dann „Generaldirektoren"), wenn die Satzung dies vorsieht.[2]

3.3.2.1.2.3. Mitbestimmung

Da von der Möglichkeit der Mitbestimmung selten Gebrauch gemacht wird,[3] wird hier nicht näher darauf eingegangen.

3.3.2.1.3. Abschlußprüfer

Die S.A. muß einen bis drei Abschlußprüfer (commissaires aux comptes) für sechs Jahre bestellen (bei S.A. mit konsolidiertem Jahresabschluß mindestens zwei Abschlußprüfer),[4] bei denen es sich um bei einem Gericht in einer Liste geführte Wirtschaftsprüfer handelt; es kann sich sowohl um natürliche Personen als auch um Prüfergesellschaften handeln. Ein Abschlußprüfer kann nicht gleichzeitig Mitglied des Verwaltungsrats sein.[5]

3.3.2.2. Vermögen und Haftung

Siehe hierzu zunächst oben 1.3.

Das (fixe) Mindest-Grundkapital beträgt 37'000 EUR.[6] Bei der Zeichnung der Aktien müssen mindestens 50% der Bar-Einlagen eingezahlt werden, der Rest ist binnen höchstens fünf Jahren einzuzahlen.[7] Sacheinlagen sind möglich, bedürfen aber der Bewertung durch einen vom Handelsgericht zu bestellenden Sacheinlage-Prüfer (commissaire aux apports).[8]

---

[1] Chaussade-Klein, H 17.
[2] Chaussade-Klein, H 18.
[3] Nagel, XIV 2 lit. d.
[4] Jura Europae, Gesellschaftsrecht, Bd. 2, 30.10 Ziff. 121.
[5] Hohloch/Tillmanns, RN 251.
[6] Eine S.A. à capital variable, also mit variablem Grundkapital, ist nur noch in der Sonderform der S.A. coopérative zulässig (Storp, RIW 2002, 409, 420).
[7] Chaussade-Klein, H 3; Storp, RIW 2002, 409, 420 FN 100.
[8] Chaussade-Klein, H 3.

Kapitel 2. Frankreich

Wie die AG, so muß auch die S.A. mindestens 5% ihrer Gewinne in eine gesetzliche Mindest-Rücklage einbringen, bis 10% des Grundkapitals erreicht sind.

Wie bei der AG, so ist auch bei der S.A. die Gründung durch eine natürliche Person zulässig (seit 1999).[1]

Wie die AG darf die S.A. höchstens 10% der eigenen Aktien zurückerwerben, wobei der Rückerwerb nur in wenigen Fällen zugelassen ist, z.B. um den Aktien-Erwerb durch Arbeitnehmer der S.A. zu ermöglichen.[2]

3.3.2.3. Rechnungslegung und Publizität

Zur **Publizität** siehe oben 3.3.1.

Die Geschäftsführung hat den Jahresabschluß (= Bilanz, GuV, Anhang) innerhalb von vier Monaten nach Ablauf des Geschäftsjahres aufzustellen. Er ist binnen eines weiteren Monats den Rechnungsprüfern zusammen mit dem Lagebericht (rapport de gestion) vorzulegen. Dem Lagebericht ist eine Zusammenstellung der Ergebnisse (résultats) der letzten fünf Jahre beizufügen.[3]

Der Vorstand einer dem deutschen Vorbild folgenden S.A. à directoire hat den Jahresabschluß binnen drei Monaten nach Ablauf des Geschäftsjahres dem Aufsichtsrat vorzulegen.

Die Geschäftsführung legt den Jahresabschluß der Hauptversammlung zur Feststellung vor.[4]

---

[1] Nagel, Gesellschaftsrecht, XIV 2 lit. d.
[2] Jura Europae, Gesellschaftsrecht, Bd. 2, 30.10 Ziff. 45.
[3] Chaussade-Klein, H 23.
[4] Chaussade-Klein, H 21.

3.3.3. Société par Actions Simplifiée (S.A.S.)[1]

Die S.A.S. (einfache AG) ist eine Variante der S.A. (AG). Die S.A.S. gewährt eine größere Freiheit in der individuellen Gestaltung der Satzung als die S.A. (AG) und soll damit ein flexibleres Instrument der Unternehmenskooperation darstellen. Das Gesetz überläßt die Regelung der inneren Organisation ausdrücklich den Gesellschaftern.[2]

Aus diesem Grunde wird nachfolgend nur auf die Merkmale eingegangen, die die S.A.S. von der S.A. (AG) unterscheiden.

3.3.3.1. Organe

Ob die S.A.S. wie im monistischen System der S.A. (AG) einen Verwaltungsrat oder wie im dualen System einen Aufsichtsrat hat, bestimmt ausschließlich die Satzung.[3]

Das Gesetz bestimmt hingegen, daß der Präsident (Président) die Geschäfte der S.A.S. führt, bei dem es sich auch um einen bzw. den einzigen Gesellschafter handeln kann. Aber auch Externe, und zwar sowohl natürliche als auch juristische Personen, können zum Präsidenten bestellt werden. Der Präsident wird in das Handelsregister eingetragen und vertritt die S.A.S. unbeschränkbar nach außen.[4]

---

[1] Die S.A.S. wurde 1994 als Instrument zur Kooperation von Groß-Unternehmen eingeführt. Sie konnte nur von mindestens zwei Unternehmen mit einem voll eingezahlten Mindest-Kapital von je FFR 1,5 Mio. gegründet werden. Das voll einzuzahlende Mindest-Grundkapital der S.A.S. betrug wie bei der S.A. (AG) FFR 250.000. Im Juli 1999 wurde die S.A.S. reformiert. Näher hierzu: RIW 2000, 946 f. m.w.N. aus der - französisch-sprachigen - Literatur sowie Klein, RIW 1999, 750.

[2] Sonnenberger/Autexier, Ziff. 135; Klein, RIW 1999, 750, 752.

[3] Chaussade-Klein, H 16.

[4] Chaussade-Klein, H 18; Klein, RIW 1999, 750, 751.

Kapitel 2. Frankreich

Bedeutung

Die S.A.S. unterscheidet sich mehr von S.A. (AG), als die deutsche sog. „kleine AG" von der AG. Bei der S.A.S. besteht wesentlich mehr Gestaltungs-spielraum im Vergleich zur S.A. (AG), insbesondere hinsichtlich der Binnen-Organisation als bei der „kleinen AG" gegenüber der AG. Da dieser Gestal-tungsspielraum aber die Interna der S.A.S. betrifft, ergeben sich für Vertrags-partner der S.A.S. keine Unterschiede.

3.3.3.2. Vermögen und Haftung

Das gesetzlich vorgeschriebene Mindest-Grundkapital beträgt wie bei der S.A. (AG) 37'000 EUR.[1]

Hat die S.A.S. ein variables Grundkapital, so darf der Mindestbetrag der Ein-zahlung bei Gründung nicht unter 10% des durch die Satzung festgelegten Mindest-Grundkapitals und auf keinen Fall unter dem o.g. Mindest-Grundkapital liegen.[2]

Die S.A.S. kann durch eine oder mehrere natürliche oder juristische Perso-nen gegründet werden.[3] Hat die S.A.S. nur einen Gesellschafter (= Ein-Mann-S.A.S.), so wird sie als **„Société par Actions simplifiée uniperson-nelle"** (Abk.: S.A.S.U) bezeichnet.[4]

Bedeutung

Für den Außenstehenden ergeben sich keine nennenswerten Unterschiede zwischen der S.A. (AG) und ihrer kleinen Schwester, der S.A.S.

---

[1] Storp, RIW 2002, 409, 420.
[2] Storp, RIW 2002, 409, 420.
[3] Sonnenberger/Autexier, Ziff. 135.
[4] Klein, RIW 1999, 750.

3.3.4. Société à Responsabilité Limitée (S.A.R.L.)

Vergleichbar der GmbH.

Die S.A.R.L. wurde 1925 nach dem Vorbild des deutschen Rechts eingeführt; das Recht der S.A.R.L. wurde 1966 reformiert.[1]

Zu **Register und Firma** siehe oben 1.1.

3.3.4.1. Organe

3.3.4.1.1. Gesellschafter-Versammlung

Die Gesellschafter-Versammlung findet spätestens 6 Monate nach Ablauf des Geschäftsjahres statt.[2] Sie bestellt die Geschäftsführer und beruft diese ab, stellt den Jahresabschluss fest,[3] entscheidet über die Gewinn-Verwendung[4] und bestellt die Abschlussprüfer und beruft diese ab.[5]

3.3.4.1.2. Geschäftsführung

Zur **Vertretung** der S.A.R.L. durch die Geschäftsführer siehe oben 1.3.

Die S.A.R.L. hat einen oder mehrere Geschäftsführer (gérant), die natürliche Personen sein müssen. [6]

Die Geschäftsführer können alle im Interesse der S.A.R.L. liegenden Geschäfte vornehmen, soweit die Satzung nichts anderes bestimmt und die Befugnisse der Geschäftsführer einschränkt. Die Satzung kann außerdem eine Ressortgeschäftsführung bestimmen.[7]

---

[1] Hohloch/Tillmanns, RN 295.
[2] Chaussade-Klein, H 21.
[3] Chaussade-Klein, H 16.
[4] Hohloch/Tillmanns, RN 329.
[5] Hohloch/Tillmanns, RN 251.
[6] Chaussade-Klein, H 16.
[7] Chaussade-Klein, H 17.

Kapitel 2. Frankreich

Tritt ein Gesellschafter unberechtigt wie ein Geschäftsführer auf (gérant de fait), so haftet er.[1]

3.3.4.1.3. Aufsichtsrat

Ein Aufsichtsrat kann nach dem Vorbild des dualistischen Systems der S.A.[2] mit dessen Funktionen oder frei gebildet werden.[3]

Hinsichtlich der **Abschlussprüfer** wird auf die oben 3.3.2.1.3. zu der S.A. (AG) gemachten Ausführungen verwiesen.

3.3.4.2. Vermögen und Haftung

Siehe zunächst oben 1.3.

Das (fixe) Stammkapital beträgt mindestens 7'500 EUR. Sacheinlagen, für deren Werthaltigkeit die Gesellschafter Dritten gegenüber haften,[4] müssen bei Gründung voll erbracht werden. Bis zum 18.05.2001 galt dies auch für Bareinlagen,[5] Seither sind Bareinlagen nur noch zu 20% zu erbringen, der Rest muß auf Anfordern des Geschäftsführers innerhalb von fünf Jahren nach Eintragung in das Gesellschaftsregister erbracht werden.[6]

Nach dem neuen Recht muß das variable (Stamm-) Kapital bei Gründung zu mindestens 10% durch Übernahme der Einlagen aufgebracht werden, wobei 7'500 EUR bei Gründung immer aufgebracht werden müssen.[7] Wie beim (fixen) Stammkapital, so sind auch hier 20% (= 1.500 EUR) des Mindest-Stammkapitals von 7'500 EUR sofort und der Rest binnen fünf Jahren einzu-

---

[1] Hohloch/Tillmanns, RN 329.
[2] Siehe oben 3.3.2.1.2.2.
[3] Hohloch/Tillmanns, RN 335.
[4] Sonnenberger/Autexier, Ziff. 133.
[5] Schwappach/Zwernemann, Kapitel VIII, § 37 3 lit. c.
[6] Storp, RIW 2002, 409, 420; Frank/Wachter, RIW 2002, 11, 14, 22.
[7] Bei Gründung einer S.A.R.L. mit einem variablen (Stamm-) Kapital von EUR 15'000 sind also EUR 7'500 (= absolute Mindesteinlage) zu erbringen, bei einer S.A.R.L. mit einem variablen (Stamm-) Kapital von EUR 150'000 EUR sind EUR 15'000 (= 10% von EUR 150'000) zu erbringen.
Nach dem alten Recht brauchten lediglich 10% des variablen (Stamm-) Kapitals bei Gründung erbracht worden sein.

zahlen.[1] Bestehenden Gesellschaften wurde eine Übergangsfrist bis zum 16.05.2006 eingeräumt, um ihre vorgenannte Einlage-Verpflichtung zu erfüllen. Ausscheidende Gesellschafter haften den Gesellschaftsgläubigern nach ihrem Ausscheiden fünf Jahre für die Verbindlichkeiten der S.A.R.L..[2]

Auch Sacheinlagen sind zulässig. Dabei bedarf es wie bei der S.A. eines Berichts eines Einlagen-Prüfers (commissaire aux apports), der dieselben Voraussetzungen erfüllen muß wie ein Abschlussprüfer[3]. Er wird von den Gesellschaftern oder vom Handelsgericht bestellt. Auf einen Einlagenprüfer kann verzichtet werden, wenn der Wert der einzelnen Sacheinlage 7'500 EUR nicht übersteigt.[4]

Dienstleistungen als Einlage sind zur Bildung des Stammkapitals ebensowenig wie in Deutschland zugelassen.[5]

Anders als bei der deutschen GmbH ist eine gesetzliche Rücklage von 10% des Stammkapitals zu bilden.

Bedeutung

Offensichtlich ist das Mindest-Stammkapital der S.A.R.L. niedriger als das der deutschen GmbH. Der Gedanke des Gläubigerschutzes tritt nach französischem Recht noch mehr als nach deutschem Recht in den Hintergrund gegenüber dem Schutz vor unseriösen Gründungen. Aus diesem Grunde unterscheidet sich das französische Recht, insbesondere aus Vertragspartner- bzw. Gläubigersicht, nicht nennenswert von dem deutschen.

Die S.A.R.L. kann mit mindestens zwei und mit höchstens 50 **Gesellschaftern** gegründet werden; die Zahl der Gesellschafter darf auch später 50 nicht

---

[1] Frank/Wachter, RIW 2002, 11, 22.
[2] Frank/Wachter, RIW 2002, 11, 21 f.
[3] Siehe oben 3.3.2.1.3.
[4] Frank/Wachter, RIW 2002, 11, 23.
[5] Hierzu näher: Frank/Wachter, RIW 2002, 11, 23.

überschreiten.[1] Dabei können wie bei der deutschen GmbH sowohl natürliche als auch juristische Personen[2] Gesellschafter der S.A.R.L. sein.[3]

Aber auch eine Ein-Mann-S.A.R.L. ist möglich. Sie wird als **Entreprise unipersonelle à responsabilité limitée (E.U.R.L.)** bezeichnet. Für sie gilt: Zwar kann eine natürliche Person Gesellschafterin mehrerer E.U.R.L. sein,[4] dagegen kann eine E.U.R.L. nicht Gesellschafter einer anderen E.U.R.L. sein.[5]

3.3.4.3. Rechnungslegung und Publizität

Zur **Publizität** siehe oben 3.3.1.

Der Geschäftsführer hat innerhalb von sechs Monaten nach Ablauf des Geschäftsjahres den Jahresabschluß (= Bilanz, GuV und Anhang) aufzustellen und der Gesellschafter-Versammlung zur Feststellung vorzulegen. Zum Lagebericht siehe oben 3.1.

Übersteigt das Stammkapital EUR 46'000, so ist mindestens ein **Abschlußprüfer** (commaire aux comptes) zu bestellen.

---

[1] Chaussade-Klein, H 7.
[2] Nach dem französischen Recht sind auch die S.C. (GbR), die S.N.C. (OHG) und die S.C.S. (KG) juristische Personen, siehe oben 1.3.
[3] Chaussade-Klein, H 3.
[4] Frank/Wachter, RIW 2002, 11, 13; Nagel, Gesellschaftsrecht, XIV 2 lit. d.
[5] Frank/Wachter, RIW 2002, 11, 13; Nagel, Gesellschaftsrecht, XIV 2 lit. d.

Italien

1. Personengesellschaften

Personengesellschaften (società di persone) sind die Società Semplice (s.s., [einfache Gesellschaft, der deutschen GbR vergleichbar]) sowie die Personenhandelsgesellschaften Società in Nome Collettivo (s.n.c. [OHG]) und Società in Accomandita Semplice (s.a.s. [KG]).

Die Associazione in participazione (Ass. in part. [Stille Gesellschaft]) ist, anders als im deutschen Recht, keine Personengesellschaft im engeren Sinne.[1]

1.1. Società Semplice (s.s.)

Vergleichbar der GbR.

Die s.s. kommt im Wirtschaftsleben nur im Bereich der nicht industriell ausgeübten Landwirtschaft vor, da Handelstätigkeiten nur in den Formen der Handelsgesellschaften ausgeübt werden können.[2]

Die s.s. ist aber, wie im deutschen Recht die GbR, die Grundform der Personengesellschaften, auf der die Personenhandelsgesellschaften s.n.c. (OHG) und s.a.s. (KG) aufbauen.[3]

Allerdings gibt es Bestrebungen, die s.s. als eigenen Gesellschaftstyp abzuschaffen.[4]

---

[1] Hofmann, B 2.
[2] Art. 2249 Abs. 1 c.c.
[3] Hohloch/Seibold/Vergine, RN 30.
[4] Kindler, Wirtschaftsrecht, § 4 RN 35.

Kapitel 3. Italien

1.1.1. Register und Firma

Zum Register siehe unter 2.1.

Die s.s. kann ebenso wenig wie die deutsche GbR firmieren.[1]

1.1.2. Geschäftsführung und Vertretung

Die Geschäftsführung der s.s. kann wie im deutschen Recht nur von den unbeschränkt haftenden Gesellschaftern wahrgenommen werden (Prinzip der
Selbstorganschaft).[2]
Grundsätzlich besitzen die Gesellschafter **Einzel-Geschäftsführungsbefugnis** (amministrazione disgiunta). Bei der Einzel-Geschäftsführung steht
jedem geschäftsführendem Gesellschafter ein Widerspruchsrecht (diritto di
opporsi) gegen Geschäftsführungsmaßnahmen eines anderen Gesellschafters zu. Über diesen Widerspruch entscheidet die Mehrheit der Gesellschafter, wobei nicht nach Köpfen gezählt wird, sondern nach dem jedem
Gesellschafter zustehenden Gewinnanteil.[3] Allerdings kann von diesen gesetzlichen Vorstellungen abgewichen werden. Dabei kann eine Kombination
von Einzel- und Gesamtgeschäftsführung (amministrazione congiunta) ebenso vereinbart werden, wie die Gesellschafter die Mehrheitserfordernisse anders vereinbaren können.[4]

Ebenso wie nach deutschem Recht entspricht die **Vertretungsbefugnis**
(rappresentanza) der geschäftsführenden Gesellschafter (ciascun socio amministratore) im Außenverhältnis grundsätzlich der Geschäftsführungsbefugnis im Innenverhältnis, dem allein-geschäftsführungsbefugten Gesellschafter
steht also grundsätzlich Einzel-Vertretungsmacht zu. Ebenso wie bei der Geschäftsführungsbefugnis kann hiervon zu Gunsten einer Kombination von
Einzel- und Gesamtvertretung abgewichen werden.[5]

---

[1] Hofmann, B 5 & B 10.
[2] Hohloch/Seibold/Vergine, RN 14, Kindler, Wirtschaftsrecht, § 4 RN 65 m.w.N. aus Lit.
und Rspr.
[3] Art. 2257 c.c.
[4] Kindler, Wirtschaftsrecht, § 4 RN 57.
[5] Kindler, Wirtschaftsrecht, § 4 RN 66.

Die Vertretungsmacht wird begrenzt durch den Gegenstand der Gesellschaft.[1]

Haben die Gesellschafter etwas anderes vereinbart, so müssen sie den potentiellen Vertragspartner hierüber informieren, wobei eine Information durch AGB nicht ausreichen dürfte.

1.1.3. Vermögen und Haftung

Das **Vermögen** der s.s. besteht wie das der deutschen GbR aus dem „Grundkapital" genannten Gesellschaftskapital, das sich aus den Einlagen (conferimento) der einzelnen Gesellschafter zusammensetzt, sowie den durch die Geschäftsführung für die Gesellschaft erworbenen Gegenständen.[2] Als Einlage können in die s.s. wie in die deutsche GbR Güter, Darlehen, Dienstleistungen sowie die Übernahme einer Bürgschaft eingebracht werden.[3] Die Sacheinlage kann auch aus einer bloßen Besitzübertragung sowie in der Gewährung von Nutzungen einer Sache bestehen.[4]

Die Gesellschafter **haften** für Gesellschaftsverbindlichkeiten ähnlich wie nach deutschem Recht unmittelbar, gesamtschuldnerisch und unbeschränkt. Allerdings unterliegen nur die Gesellschafter dieser Haftung, die für die s.s. gehandelt haben und in ihrem Namen nach außen aufgetreten sind.[5]

Der Gesellschaftsgläubiger braucht nicht erst erfolglos gegen die s.s. vorzugehen, bevor er sich an die Gesellschafter halten kann (anders bei den Personenhandelsgesellschaften!). Will der Gesellschaftsgläubiger sogleich in das Privatvermögen eines Gesellschafters vollstrecken, anstatt zuerst in das Gesellschaftsvermögen, und will der Gesellschafter diese Vollstreckung in sein Vermögen abwenden, so hat er dem Vollstreckenden diejenigen Gegenstände des Gesellschaftsvermögens anzugeben, aus denen sich der Vollstreckende leicht befriedigen kann (beneficio di escussione).[6] Es handelt sich

---

[1] Hofmann, B 18.
[2] Hohloch/Seibold/Vergine, RN 47 f.
[3] Hohloch/Seibold/Vergine, RN 48.
[4] Art. 2247 c.c.
[5] Kindler, Wirtschaftsrecht, § 4 RN 70.
[6] Art. 2268 c.c.

hierbei um eine recht schwache Ausgestaltung der Einrede der Vorausklage, die auf der mangelnden Publizität der Vermögensverhältnisse der s.s. beruht.

Bedeutung

Anders als im deutschen Recht kann der s.s.-Gesellschafter die Vollstrek-kung in sein Vermögen verhindern, indem er den Vollstreckenden auf das Gesellschaftsvermögen verweist.

Die soeben beschriebene Haftung kann nur hinsichtlich der Gesellschafter beschränkt werden, die nach außen nicht für die Gesellschaft aufgetreten sind. Die zwischen den Gesellschaftern vereinbarte Haftungsbeschränkung muss Dritten mit geeigneten Mitteln zur Kenntnis gebracht werden, [1] wobei auch hier eine Mitteilung durch AGB nicht genügen dürfte.

Weder Personengesellschaften, also s.s., s.n.c. (OHG) oder s.a.s. (KG), noch Kapitalgesellschaften, d.h. s.p.a. (AG) und s.r.l. (GmbH), können **Gesellschafter** einer s.s. sein.[2]

1.1.4. Gesellschafter-Wechsel

Die Übertragung eines Gesellschaftsanteils bedarf der Zustimmung aller übrigen Gesellschafter.[3]

Der **ausscheidende Gesellschafter** haftet auch nach seinem Ausscheiden für die bis zu seinem Ausscheiden begründeten Gesellschaftsverbindlichkeiten.[4]

Der **eintretende Gesellschafter** haftet auch für vor seinem Eintritt entstandene Verbindlichkeiten.[5]

---

[1] Hohloch/Seibold/Vergine, RN 57.
[2] Hofmann, A III m.w.N.
[3] Hohloch/Seibold/Vergine, RN 59.
[4] Art. 2290 c.c.
[5] Art. 2269 c.c.

1.1.5. Rechnungslegung und Publizität

Zwar hat die s.s. einmal jährlich eine Bilanz aufzustellen, diese dient aber ausschließlich gesellschaftsinternen Zwecken.[1] Wie im deutschen Recht ist weder eine Prüfung des Jahresabschlusses bzw. des Lageberichts gesetzlich vorgeschrieben noch müssen diese publiziert werden.[2]

1.2. Associazione in partecipazione (Ass. in part.)

Vergleichbar der Stillen Gesellschaft.

Wie bei der deutschen Stillen Gesellschaft, so ist auch die Ass. in part. eine Gesellschaft, bei der sich jemand (= stiller Gesellschafter, kurz: der Stille) an dem Unternehmen eines anderen (= Komplementär) beteiligt. Der Stille leistet hierzu eine Einlage (conferimento), die in das Vermögen des Komplementärs übergeht, und erhält dafür einen Anteil am Gewinn des Komplementärs.[3]

Da es bei der Ass. in part. an der gemeinsamen Ausübung einer wirtschaftlichen Tätigkeit fehlt, ist sie keine Gesellschaft im engeren Sinne. Folglich sind, anders als im deutschen Recht, auf die Ass. in part. die Vorschriften über die Gesellschaften nicht anwendbar.[4]

1.2.1. Register und Firma

Zu **Register** siehe zunächst unten 2.1.

Die Ass. in part. als solche wird in kein Register eingetragen.[5]

---

[1] Hofmann, B 22, B 25.

[2] Hofmann, B 30.
Da, anders als im deutschen Recht, weder Kapital- noch Personengesellschaften Gesellschafter von Personengesellschaften sein können, bedurfte es auch keiner besonderen Vorschriften für Personengesellschaften, deren Gesellschafter ausschließlich Kapitalgesellschaften sind.

[3] Hofmann, B 4, Art. 2549 c.c.

[4] Kindler, Wirtschaftsrecht, § 4 RN 13.

[5] Hofmann, B 5.

Kapitel 3. Italien

Es gibt in Italien weder ein Handelsrecht[1] noch einen **Kaufmann** (commerciante), sondern nur den **Unternehmer** (imprenditore). Diese Eigenschaft hat aber bei weitem nicht die Bedeutung wie im deutschen Recht die Kaufmannseigenschaft.[2] Der Unternehmer ist nicht umfassend wie eine Handelsgesellschaft registerpflichtig, vielmehr sind nur einzelne Akte (u.a. Erteilung und Widerruf der Prokura und der Handlungsvollmacht) des kaufmännischen Einzel-Unternehmers (imprenditori individuali commerciali) registerpflichtig, weshalb man von einer „fragmentarischen Publizität" (pubblicità frammentaria) spricht.[3]

1.2.2. Geschäftsführung und Vertretung

Grundsätzlich steht die **Geschäftsführung** ausschließlich dem Komplementär zu. Allerdings kann der Stille unter der Regie des Komplementärs Tätigkeiten ausführen.[4] Dem Stillen steht gegenüber dem Komplementär gesetzlich weder ein Widerspruchs- noch ein Kontrollrecht zu. Er hat nur einen Anspruch auf jährliche Rechnungslegung.[5]

Die Ass. in part. tritt ebensowenig wie die deutsche Stille Gesellschaft nach außen als Gesellschaft hervor; nach außen handelt nur der Komplementär. Er betreibt das Unternehmen und schließt alle Geschäfte in seinem eigenen Namen ab.[6]

1.2.3. Vermögen und Haftung

Die Einlage des Stillen kann in bar, aber auch in Form von Sach- bzw. Dienstleistungen erfolgen.[7]

---

[1] Das Handelsgesetzbuch (Codice di Commercio) ging 1942 im neuen Zivilgesetzbuch (Codice Civile) auf.
[2] Kindler, § 12 1 lit. a (RN 2).
[3] Kindler, § 12 2 lit. a (RN 6).
[4] Hofmann, B 17, Art. 2552 c.c.
[5] Hofmann, B 21, Art. 2552 Abs. 2 c.c.
[6] Hofmann, B 18, Art. 2551 c.c.
[7] Hofmann, B 13.

Ein **Gesellschaftsvermögen** gibt es nicht. Die Einlage des Stillen geht in das Eigentum des Komplementärs über; das Unternehmen, in das der Stille seine Einlage einbrachte, gehört allein dem Komplementär, der auch allein für die Schulden haftet.[1]

Die Ass. in part. besitzt keine Rechtsfähigkeit, den Gläubigern der Ass. in part. **haftet** nur der Komplementär. Handelt es sich dabei um eine Gesellschaft, so haftet diese nach den jeweiligen Vorschriften.[2]

Der Stille haftet gegenüber den Gläubigern des Komplementärs nicht. Sein Risiko beschränkt sich - zwingend vorgeschrieben - auf den Verlust seiner an den Komplementär erbrachten Einlage.[3]

Beteiligter der Ass. in part., d.h. sowohl Komplementär als auch Stiller, kann jeder Einzel-Unternehmer sowie jede Gesellschaft sein.[4]

1.2.4. Gesellschafter-Wechsel

Der Komplementär darf grundsätzlich keine weiteren Stillen aufnehmen.[5]

1.2.5. Rechnungslegung und Publizität

Für die Ass. in part. gibt es keine speziellen Vorschriften. Die Rechnungslegungs- und Publizitätspflicht ergibt sich ggf. aus der Gesellschaftsform des Komplementärs.[6]

---

[1] Hofmann, B 11.
[2] Hofmann, B 15.
[3] Hofmann, B 15, Art. 2553 c.c.
[4] Hofmann, B 7.
[5] Hofmann, B 14.
[6] Hofmann, B 22.

2. Handelsgesellschaften

Eine Handelstätigkeit (attività commerciale) kann nur in der Form einer Handelsgesellschaft ausgeübt werden.[1]

Ist ein anderer Wille der Gesellschafter nicht eindeutig feststellbar, so ist die s.n.c. - ähnlich wie in Deutschland die OHG - die Gesellschaftsform, in der eine handelsgewerbliche Tätigkeit regelmäßig ausgeübt wird.

2.1. Register und Firma

Der italienische Gesetzgeber hat das **Registerrecht** in den vergangenen Jahren komplett reformiert und das vormalige System des Handels- und Gesellschaftsregisters, das von den Gerichten geführt wurde, und des Firmenregisters, das von den Industrie- und Handelskammern geführt wurde, in ein Unternehmensregister überführt, das vom Unternehmensregister-Amt (ufficio del registre delle imprese) als Unterabteilung der regional zuständigen Industrie- und Handelskammer geführt wird.[2]

Weiterhin führt dieses Amt u.a. das Archiv für Urkunden und Dokumente (archivo degli atti e dei documenti), das ausschließlich auf elektronischen Datenträgern geführt wird, d.h. eingereichte Schriftstücke Dokumente können nach der elektronischen Erfassung vernichtet werden.[3]

Darüber hinaus wurde der bisherige Anzeiger für AG's und GmbH's (Bollettino ufficiale delle società per azioni e responsabilità limitata (B.U.S.A.R.L.)) ersatzlos abgeschafft.[4]

Einzelunternehmer (imprenditori individuali commerciali) und Handelsgesellschaften werden in die Allgemeine Abteilung des Unternehmensregisters eingetragen, in die Besondere Abteilung u.a. die s.s., Kleinunternehmen sowie Handwerker.[5]

Handelsgesellschaften sind umfassend von der Gründung über alle Ände-

---

[1] Art. 2249 Abs. 1 c.c.
[2] Kindler, Wirtschaftsrecht, § 2 RN 22 ff., dort auch zu den Hintergründen und registerrechtlichen Einzelheiten.
[3] Kindler, Wirtschaftsrecht, § 2 RN 30.
[4] Kindler, Wirtschaftsrecht, § 2 RN 31 a.E.
[5] Kindler, Wirtschaftsrecht, § 2 RN 27 f.

rungen des Gesellschaftsvertrags (contratto di società) bis hin zur Liquidation und Löschung publizitätspflichtig.[1]

Das Unternehmensregister und das Archiv sind öffentlich, wobei die Einsichtnahme nicht nur in den Räumen der betreffenden IHK, sondern auch per automatisierten Datenabruf über externe, direkte Online-Anschlüsse vorgenommen werden kann.
Eine direkte, Entgelt-pflichtige online-Einsicht in das Unternehmensregister (visura online) ist z.B. unter folgenden Adressen möglich:[2]

- www.mi.camcom.it/registroimprese (Unternehmensregister der Handelskammer Mailand),

- www.itkam.de (Italienische Handelskammer für Deutschland e.V.) sowie

- www.infocamera.it (Online-Dienst der italienischen Handelskammern).

Darüber hinaus können folgende Zeugnisse und Bescheinigungen ausgestellt werden: Abgekürztes Eintragungszeugnis (certificato di iscrizione abbreviato), Eintragungszeugnis (certificato di iscrizione), Meldebescheinigung (certificato anagrafico), Chronologisches Zeugnis (certificato storico), Zeugnis über Registereingaben (certificato di deposito), Gesellschafter-Liste (certificato degli assetti proprietari) sowie Negativ-Attest (certificato di non iscrizione). Über den Inhalt des Archivs können Abschriften und Teil-Abschriften verlangt werden.
Es ist hervorzuheben, daß bei jeder italienischen IHK Zeugnisse und Abschriften über jedes in Italien registrierte Unternehmen erhältlich sind.[3]

Nach italienischem Recht sind - anders als nach deutschem - Gesellschaftsname und **Firma** nicht dasselbe. Deshalb können italienische Gesellschaften eine Firma bilden, die vom Gesellschaftsnamen verschieden ist. Dabei muß

---

[1] Kindler, Wirtschaftsrecht, § 2 RN 34.
[2] Kindler, Wirtschaftsrecht, § 2 RN 43 f.
[3] Kindler, Wirtschaftsrecht, § 2 RN 47 ff.

aber der Gesellschaftsname Teil der Firma sein. Unterhält eine Gesellschaft mehrere Betriebe, so kann sie auch verschiedene Firmen führen.[1]

Alle Gesellschaften haben auf **Geschäftsbriefen** den Sitz der Gesellschaft, das Unternehmensregister-Amt, bei dem sie registriert sind, sowie die Registernummer anzugeben. Die Kapitalgesellschaften haben darüber hinaus das sich aus der letzten Bilanz ergebende tatsächlich eingezahlte Kapital anzugeben.[2]

2.2. Personenhandelsgesellschaften

2.2.1. Società in Nome Collettivo (S.N.C.)

Vergleichbar der OHG.

Wie im Verhältnis OHG zu GbR, so gelten auch mangels besonderer Vorschriften über die s.n.c. die Vorschriften über die s.s. (GbR).[3]

Erst seit 2001 ist es Freiberuflern möglich, sich in einer Gesellschaft zusammenzuschließen. Eine solche Gesellschaft bezeichnet man als **società tra professionisti (s.t.p.)**.[4] Die s.t.p. ist mit der deutschen Partnerschaft vergleichbar. Auch die s.t.p. ist registerpflichtig und mangels speziellerer Vorschriften wird das Recht der s.n.c. angewandt. Als Rechtsformzusatz ist die Bezeichnung "s.t.p." zu führen.
Nur Rechtsanwälte, Wirtschaftsprüfer und Ingenieure können sich in einer s.t.p. zusammenschließen.[5]

---

[1] Kindler, Wirtschaftsrecht, § 2 RN 95.
[2] Art. 2250 c.c.
[3] Hohloch/Seibold/Vergine, RN 30, 70.
[4] Näher zur società tra professionisti (s.t.p.): Muthers, Società tra professionisti - zur Entwicklung der gemeinschaftlichen Berufsausübung von Anwälten in Italien (RIW Recht der Internationalen Wirtschaft 2003, S. 245 ff.).
[5] Kindler, Wirtschaftsrecht, § 4 RN 15 ff.

2.2.1.1. Register und Firma

Zu **Register und Firma** siehe zunächst oben 2.1.

Wird die s.n.c. nicht im Unternehmensregister registriert, so wird sie als **società irregolare** bezeichnet und es werden die Vorschriften über die società semplice angewandt.[1] Die società irregolare tritt also nach außen als Gesellschaft auf und betreibt ein Handelsgewerbe, ist aber nicht registriert. Gesetzlich wird in diesen Fällen Allein-Vertretungsbefugnis der Gesellschafter vermutet, Beschränkungen dieser Allein-Vertretungsmacht können einem Dritten nur entgegengehalten werden, wenn dieser nachweisbar hiervon wusste.[2] Weiterhin wird im Insolvenzfall ein sanierungsorientiertes Insolvenzverfahren nicht durchgeführt, sondern das Vermögen der Gesellschaft einfach verwertet.[3] Gesellschafter einer solchen società irregolare können nur dann gegenüber Gesellschaftsgläubigern, die sie persönlich beanspruchen wollen, die Einrede der Vorausklage erheben, wenn sie damit verbunden sofort verwertbares Gesellschaftsvermögen angeben.[4]

Von der soeben erläuterten società irregolare ist die **società occulta** zu unterscheiden. Wie schon dargelegt, handelt es sich bei der società irregolare um eine nicht eingetragene Gesellschaft, die aber als Gesellschaft im Geschäftsverkehr auftritt.

Die società occulta hingegen tritt im Geschäftsverkehr nicht als Gesellschaft auf, vielmehr tritt nur ein Mitglied der società occulta als Einzelunternehmer (imprenditore individuale) auf. Gelingt dem Gläubiger eines solchen Einzelunternehmers der Nachweis eines Gesellschaftsverhältnisses, also einer società occulta, zwischen dem Einzelunternehmer und einem Dritten, so haftet der Dritte wie ein s.n.c.-Gesellschafter, wenn er seine Kommanditisten-Stellung nicht nachweist.[5]

Die Rechtsprechung nimmt dann zu Lasten eines Dritten eine società occulta

---

[1] Hohloch/Seibold/Vergine, RN 109.
[2] Artt. 2317, 2297 Abs. 1 c.c.
[3] Art. 160 Nr. 1 legge sul fallimento.
[4] Art. 2297 Abs. 1, 2268 c.c.
[5] Kindler, Wirtschaftsrecht, § 4 RN 42.

Kapitel 3. Italien

an und spricht dem Gläubiger einen Anspruch gegen den Dritten zu, wenn der Dritte

• den Einzelunternehmer systematisch finanziert hat, auch durch Übernahme unbegrenzter Bürgschaften,

• bei der Geschäftsführung mitgewirkt hat oder

• Geld vom Konto des Einzelunternehmers abgehoben hat.

Dabei neigt die Rechtsprechung dazu, den Kreis der verborgenen Gesellschafter weit zu ziehen.[1]

Trotzdem kommt die società occulta nicht selten vor, wohl weil die Gesellschafter ihre Stellung geheim halten wollen aus Furcht, im Falle eines Gesellschaftskonkurses selbst in ein Konkursverfahren hineingezogen zu werden. Das Gesetz schreibt ausdrücklich vor, dass im Falle eines Konkurses der s.n.c. dieser auf deren Gesellschafter zu erstrecken ist.[2]

Der Gesellschaftsvertrag (contratto di società) kann formfrei geschlossen werden, aber nur ein zumindest öffentlich beglaubigter[3] Gesellschaftsvertrag kann zum **Gesellschaftsregister** eingereicht und dort eingetragen werden.[4]

Wird der Gesellschaftsvertrag in Form einer notariellen Urkunde[5] geschlossen, so hat der beurkundende Notar die Gesellschaft zum Gesellschaftsregister anzumelden.

Die s.n.c. **firmiert** unter dem Namen eines oder mehrerer Gesellschafter, dem bzw. denen die Rechtsform hinzuzufügen ist.[6]

---

[1] Kindler, Wirtschaftsrecht, § 4 RN 42 f. m.w.N. a.d. Rspr.
[2] Kindler, § 12 3 lit. a (RN 10) m.w.N.; Hohloch/Seibold/Vergine, RN 71.
[3] D.h. der Gesellschaftsvertrag ist schriftlich zu errichten, wobei die Unterschriften der Gesellschafter von einem Notar bzw. einer hierzu ermächtigten Amtsperson zu beglaubigen sind.
[4] Hofmann, B 5.
[5] Art. 2699 c.c. spricht von einer "öffentlichen Urkunde".
[6] Art. 2292 c.c.

2.2.1.2. Geschäftsführung und Vertretung

Die Geschäftsführung der s.n.c. kann wie im deutschen Recht nur von den unbeschränkt haftenden Gesellschaftern wahrgenommen werden (Prinzip der Selbstorganschaft).[1] Grundsätzlich besitzen die Gesellschafter **Einzel-Geschäftsführungsbefugnis** (amministrazione disgiunta). Bei der Einzel-Geschäftsführung steht jedem geschäftsführendem Gesellschafter ein Widerspruchsrecht (diritto di opporsi) gegen Geschäftsführungsmaßnahmen eines anderen Gesellschafters zu. Über diesen Widerspruch entscheidet die Mehrheit der Gesellschafter, wobei nicht nach Köpfen gezählt wird, sondern nach dem jedem Gesellschafter zustehenden Gewinnanteil.[2] Allerdings kann von diesen gesetzlichen Vorstellungen abgewichen werden. Dabei kann eine Kombination von Einzel- und Gesamtgeschäftsführung (amministrazione congiunta) ebenso vereinbart werden, wie die Gesellschafter die Mehrheitserfordernisse anders vereinbaren können.[3]

Ebenso wie nach deutschem Recht entspricht die **Vertretungsbefugnis** (rappresentanza) der geschäftsführenden Gesellschafter (ciascun socio amministratore) im Außenverhältnis grundsätzlich der Geschäftsführungsbefugnis im Innenverhältnis, dem allein-geschäftsführungsbefugten Gesellschafter steht also grundsätzlich Einzel-Vertretungsmacht zu. Ebenso wie bei der Geschäftsführungsbefugnis kann hiervon zu Gunsten einer Kombination von Einzel- und Gesamtvertretung abgewichen werden.[4]
Die Vertretungsmacht wird begrenzt durch den Gegenstand der Gesellschaft.[1]

Anders als bei der deutschen OHG, bei der Beschränkungen der Vertretungsmacht mit Wirkung Dritten gegenüber nicht möglich sind bzw. nicht in das Handelsregister eingetragen werden können, können von den s.n.c.-

---

[1] Hohloch/Seibold/Vergine, RN 14, Kindler, Wirtschaftsrecht, § 4 RN 65 m.w.N. aus Lit. und Rspr.
[2] Art. 2257 c.c.
[3] Kindler, Wirtschaftsrecht, § 4 RN 57.
[4] Kindler, Wirtschaftsrecht, § 4 RN 66.

Kapitel 3. Italien

Gesellschaftern vereinbarte Beschränkungen der Vertretungsmacht gutgläubigen Dritten entgegengehalten werden, wenn sie in das Unternehmensregister eingetragen wurden. Bösgläubigen Dritten können solche
Beschränkungen immer entgegengehalten werden.[2]

Bedeutung
Zur Klärung der Vertretungsverhältnisse empfiehlt es sich in jedem Fall, sich vor Vertragsabschluß durch einen Blick in das Gesellschaftsregister zu informieren.

Bei der società irregolare (siehe oben 2.2.1.1.) können Beschränkungen der
Vertretungsmacht Dritten nicht entgegengehalten werden, da gesetzlich immer ein Handeln für die Gesellschaft vermutet wird.[3]

2.2.1.3. Vermögen und Haftung

Das **Vermögen** der s.n.c. besteht wie das der deutschen OHG aus dem
„Grundkapital" genannten Gesellschaftskapital, das sich aus den Beiträgen
der einzelnen Gesellschafter zusammensetzt, sowie den durch die Geschäftsführung für die Gesellschaft erworbenen Gegenständen.[4] Als Einlage
(conferimento) können in die s.n.c. wie in die deutsche OHG Güter, Darlehen,
Dienstleistungen sowie die Übernahme einer Bürgschaft eingebracht werden.[5] Die Sacheinlage kann auch aus einer bloßen Besitzübertragung sowie
in der Gewährung von Nutzungen einer Sache bestehen.[6]
Anders als im deutschen Recht darf das Gesellschaftskapital nicht den im
Gesellschaftsregister angegebenen Betrag unterscheiten.[7] Den Gesellschaftsgläubigern haftet folglich ein Mindesthaftungsstock, dessen Höhe das
Gesetz jedoch nicht vorschreibt.

---

[1] Hofmann, B 18.
[2] Art. 2298 c.c.
[3] Art. 2297 Abs. 2 c.c.
[4] Hohloch/Seibold/Vergine, RN 47 f.
[5] Art. 2247 c.c
[6] Hohloch/Seibold/Vergine, RN 48.
[7] Hohloch/Seibold/Vergine, RN 85.

Kapitel 3. Italien

Die Gesellschafter **haften** nur dann gesamtschuldnerisch, unbeschränkt und unbeschränkbar für Gesellschaftsverbindlichkeiten, wenn der Gesellschaftsgläubiger zuvor erfolglos in das Gesellschaftsvermögen vollstreckt hat.[1] bzw. nachweist, dass ein Vollstreckungsversuch erfolglos wäre.[2] D.h. die Gesellschafter haften nur und erst dann, wenn die s.n.c. insolvent ist.[3] Ist die s.n.c. aber insolvent, so wird das Insolvenzverfahren auf die s.n.c.-Gesellschafter erstreckt, d.h. gegen jeden der s.n.c.-Gesellschafter das Insolvenzverfahren eröffnet.[4]

Bedeutung

Das Recht der s.n.c. weicht hier ganz erheblich vom Recht der deutschen OHG ab, denn während der Gläubiger einer deutschen OHG unter anderem primär und unmittelbar gegen einen OHG-Gesellschafter vollstrecken kann, muss sich der s.n.c.-Gläubiger mit einer wirtschaftlich potentiell wesentlich schlechteren Stellung als Insolvenzgläubiger begnügen, d.h. er ist nur ein Insolvenzgläubiger unter vielen und erhält nur die Insolvenzquote - wenn überhaupt.

Die Haftung der s.n.c.-Gesellschafter kann ebensowenig wie bei der deutschen OHG und anders als bei der s.s. (GbR) nicht beschränkt werden.[5]

Weder juristische Personen, also insbesondere Kapitalgesellschaften, noch Personengesellschaften, können **Gesellschafter** einer s.n.c. sein.[6]

Zu **Gesellschafter-Wechsel** siehe oben 1.1.4.

Zu **Rechnungslegung und Publizität** siehe oben 1.1.5.

---

[1] Art. 2304 c.c.
[2] Hohloch/Seibold/Vergine, RN 89; Kindler, Wirtschaftsrecht, § 4 RN 74.
[3] Schwappach/Zwernemann, § 37 8 lit. d.
[4] Kindler, § 12 3 lit. a (RN 10) m.w.N.; Hohloch/Seibold/Vergine, RN 71.
[5] Hohloch/Seibold/Vergine, RN 91; Art. 2291 c.c.
[6] Hofmann, A III m.w.N.

2.2.2. Società in Accomandita Semplice (s.a.s.)[1]

Vergleichbar der KG.

Wie beliebt die s.a.s. ist, zeigt sich daran, daß es Ende 1999 in Italien 303'707 s.a.s gab, während es demgegenüber in Deutschland nur 91'500 KG gab.[2]

Wie bei der deutschen KG ergänzend die Regeln über die OHG gelten, so gelten die Regeln über die s.n.c. (OHG) ergänzend für die s.a.s.[3]

2.2.2.1. Register und Firma

Zu **Register** siehe zunächst oben 2.1., zur società irregolare sowie zur società occulta siehe unter 2.2.1.1.

Die **Firma** (ragione sociale) hat wenigstens aus dem Namen eines Komplementärs und dem Rechtsformzusatz zu bestehen.[4] Ist der Name eines Kommanditisten mit dessen Zustimmung Teil der Firma, so haftet er gegenüber Dritten wie ein Komplementär.[5]

---

[1] Die „einfache" KG wird durch diese Bezeichnung von der selten vorkommenden Società in accommandita per azioni (Kommanditgesellschaft auf Aktien, KGaA) abgegrenzt.

[2] Weigmann, 206.

[3] Hohloch/Seibold/Vergine, RN 101.

[4] Art. 2314 Abs. 1 c.c.

[5] Art. 2314 Abs. 2 c.c.

2.2.2.2. Geschäftsführung und Vertretung

Bzgl. Geschäftsführungs- und Vertretungsbefugnis der Komplementäre wird auf die unter 2.2.1.2. gemachten Ausführungen verwiesen.

Die Geschäftsführung der s.a.s. kann wie im deutschen Recht nur von den Komplementären (soci accomandatari) wahrgenommen werden (Prinzip der Selbstorganschaft).[1]

Kommanditisten (soci accomandanti) sind von der **Geschäftsführung** und **Vertretung** grundsätzlich ausgeschlossen (Einmischungsverbot [divieto di immistione]).[2] Kommanditisten, die gegen dieses Verbot verstoßen, haften Dritten gegenüber jedoch unbeschränkt und gesamtschuldnerisch und ein etwaiger Konkurs der s.a.s. wird auf sie erstreckt.[3]

Unter der Leitung von geschäftsführenden Gesellschaftern können Kommanditisten an der Geschäftsführung mitwirken. Ähnlich wie bei der deutschen KG kann ihnen für einzelne Rechtsgeschäfte Vollmacht (procura speciale per singoli affari) erteilt werden.[4]

Weiterhin haben Sie ein Recht auf Mitteilung der Bilanz sowie der GuV und können deren Richtigkeit durch Einsichtnahme in die Geschäftsunterlagen überprüfen.[5]

2.2.2.3. Vermögen und Haftung

Bzgl. der Haftung der Komplementäre wird auf die Ausführungen unter 2.2.1.3. verwiesen.

Das **Vermögen** der s.a.s. besteht wie das der deutschen KG aus dem „Grundkapital" genannten Gesellschaftskapital, das sich aus den Einlagen (conferimento) der einzelnen Gesellschafter zusammensetzt, sowie den

---

[1] Art. 2318 c.c.
[2] Art. 2320 c.c.
[3] Art. 147 legge sul fallimento.
[4] Art. 2320 Abs. 1 c.c.
Näher zu Geschäftsführung und Vertretung durch die Kommanditisten: Kindler, Wirtschaftsrecht, § 4 RN 105 f.
[5] Art. 2320 Abs. 3 c.c.

Kapitel 3. Italien

durch die Geschäftsführung für die Gesellschaft erworbenen Gegenständen.[1] Als Einlage können in die s.a.s. wie in die deutsche KG Güter, Darlehen, Dienstleistungen sowie die Übernahme einer Bürgschaft eingebracht werden.[2] Die Sacheinlage kann auch aus einer bloßen Besitzübertragung sowie in der Gewährung von Nutzungen einer Sache bestehen.[3] Die Einlage eines Kommanditisten kann nur in Geld bestehen.[4] Anders als im deutschen Recht darf das Gesellschaftskapital nicht den im Gesellschaftsregister angegebenen Betrag unterscheiten.[5] Den Gesellschaftsgläubigern haftet folglich ein Mindesthaftungsstock, dessen Höhe das Gesetz jedoch nicht vorschreibt.

Kommanditisten **haften** grundsätzlich nur mit der von ihnen eingebrachten Geld-Einlage,[6] zu Ausnahmen hiervon siehe 2.2.2.2.

Anders als im deutschen Recht kann aber auch eine Kapitalgesellschaft nicht **Komplementärin** einer s.a.s. sein; damit ist eine der GmbH & Co. KG vergleichbare Gesellschaftsform ausgeschlossen.[1] Die frühere Rechtsprechung verneinte die Möglichkeit einer Kapitalgesellschaft als Komplementärin einer s.a.s. unter anderem aus folgenden Gründen: Zu einer Kapitalgesellschaft könne kein persönliches Vertrauensverhältnis (intuitus personae) bestehen. Es sei aber das Wesen der Personengesellschaft s.a.s., daß zu ihr ein solches persönliches Vertrauensverhältnis bestehe. Darüber hinaus haftet eine Kapitalgesellschaft nur beschränkt auf ihr Vermögen, die hinter der Kapitalgesellschaft stehenden Gesellschafter haften aber nicht. Diese beschränkte Haftung der Kapitalgesellschaft sei ein Widerspruch in sich zur Stellung des unbeschränkt haftenden s.a.s.-Komplementärs.

[1] Hohloch/Seibold/Vergine, RN 47 f.
[2] Art. 2247 c.c.
[3] Hohloch/Seibold/Vergine, RN 48.
[4] Hohloch/Seibold/Vergine, RN 122.
[5] Hohloch/Seibold/Vergine, RN 85.
[6] Art. 2313 Abs. 1 c.c.

117

Die Vereinigten Senate des Kassationshofes entschieden sich 1988 demgegenüber gegen eine der GmbH & Co. KG vergleichbare Konstruktion, weil hierdurch der Grundsatz der Selbstorganschaft unterlaufen würde: Nicht mehr ein Gesellschafter würde die Geschäfte führen, sondern der Geschäftsführer der Kapitalgesellschaft, die Komplementärin ist. Eine solche Drittorganschaft ist den italienischen Personengesellschaften aber gerade versagt.

2.2.2.4. Gesellschafter-Wechsel

Bzgl. des **Komplementärs** siehe oben 1.1.4.

Der **Kommanditist** kann seinen Anteil grundsätzlich nur mit Einwilligung derjenigen Gesellschafter, die die Kapitalmehrheit vertreten, übertragen.[2]

Zu **Rechnungslegung und Publizität** siehe oben 1.1.5.

2.3. Kapitalgesellschaften

2.3.1. Allgemein

Die nachfolgenden, allgemeinen Ausführungen gelten sowohl für die Società per Azioni (s.p.a. [AG]) als auch für die Società a Responsabilità Limitata (s.r.l. [GmbH]).

Mit Rahmengesetz vom 03.10.2001 wurde die Regierung beauftragt, das Recht der Kapitalgesellschaften (società di capitali) bis zum 23.10.2002 per Verordnung neu zu regeln. Dabei soll auch die bereits bestehende Satzungsautonomie gestärkt werden. Die Satzungsautonomie ist zwar anerkannt, jedoch sind Umfang und Details sehr umstritten.[3]

---

[1] Kindler, Wirtschaftsrecht, § 4 RN 46 m.w.N. Im Gegensatz zur Rechtsprechung befürwortet die Literatur eine der deutschen GmbH & Co. KG vergleichbare Konstruktion.

[2] Art. 2322 Abs. 2 c.c.

[3] Buse, RIW 2002, 676.

Kapitel 3. Italien

2.3.1.1. Register und Firma

Zu **Register** siehe oben 2.1.

Die **Firma** der Kapitalgesellschaften (denominazione sociale) kann eine Personen- oder Sachfirma sein, wobei auch der Gesellschaftszweck Firma sein kann. Die Firma hat die Gesellschaftsbezeichnung, auch abgekürzt, zu enthalten.[1]

2.3.1.2. Organe

Das italienische Kapitalgesellschaftsrecht kennt nicht wie das deutsche die strenge Unterscheidung zwischen dem Innenverhältnis, das die Geschäftsführung betrifft, und dem Aussenverhältnis, das die Vertretung der Gesellschaft betrifft. Geht es um den Schutz eines redlichen Dritten, wird danach unterschieden, ob ein Geschäft im Rahmen des Gesellschaftszweckes (oggetto speciale) liegt.[2]

Dabei können selbst zweckbezogene Geschäfte durch Gesetz oder Satzung von der Vertretungsbefugnis eines Geschäftsführers ausgenommen sein. Diese Begrenzung der Vertretungsmacht ist redlichen Dritten gegenüber trotz Bekanntmachung (!) unwirksam, es sei denn, der Dritte hat den Mangel der Vertretungsmacht nachweislich ausgenutzt, um der Gesellschaft zu schaden.[3]

Auch bei Gesellschaftszweck-fremden Geschäften kommt es ebensowenig auf die Bekanntmachung an. Vielmehr wird der Dritte, der positiv vom Mangel der Vertretungsmacht weiß, nicht geschützt.[4]

---

[1] Kindler, Wirtschaftsrecht, § 4 RN 129.
[2] Art. 2384, 2384-bis c.c.
[3] Kindler, § 12, 3 lit. b aa (RN 14).
[4] Kindler, Wirtschaftsrecht, § 4 RN 183 f.

119

Bedeutung

Nur der Vertragspartner, der nachweisbar von der Gesellschaftszweck-Fremdheit des Geschäfts oder von der Beschränkung der Vertretungsbefugnis wußte, wird nicht geschützt.

2.3.1.3. Vermögen und Haftung

Geld sowie unter bestimmten Voraussetzungen Sachgüter und Forderungen können als Einlage (conferimento) eingebracht werden. Arbeits- und Dienstleistungen können ebensowenig wie nach deutschem Recht als Einlage eingebracht werden.[1]

Wie nach deutschem Recht wird mit Eintragung in das Gesellschaftsregister die Kapitalgesellschaft juristische Person und die **Haftung** wird auf das Gesellschaftsvermögen begrenzt.[2]

Allein-Gesellschafter (unico azionista) sind zwar möglich, haften aber im Falle der Zahlungsunfähigkeit der Gesellschaft unbeschränkt für die Gesellschafts-Verbindlichkeiten, die im Zeitraum der Allein-Gesellschafter-Stellung entstanden sind.[3]

Bedeutung

Während nach deutschem Recht der Allein-Gesellschafter einer Kapitalgesellschaft nur ausnahmsweise und bei Erfüllung weiterer Voraussetzungen haftet, haftet der Allein-Gesellschafter einer italienischen Kapitalgesellschaft per se im Falle ihrer Insolvenz.

---

[1] Art. 2342 Abs. 3 c.c., für die der GmbH vergleichbare s.r.l. i.V.m. Art. Art. 2476 Abs. 1 c.c.
[2] Kindler, § 12 3 lit. b aa (RN 13).
[3] Artt. 2794, 2362 c.c.

2.3.1.4. Rechnungslegung

Die Kapitalgesellschaften können einen **verkürzten Jahresabschluß** (bilancio) aufstellen, wenn zwei der folgenden drei Kriterien in zwei aufeinanderfolgenden Jahren nicht erfüllt sind:

- Bilanzsumme mindestens EUR 3,125 Mio.,

- Jahres-Umsatz von mindestens EUR 6,250 Mio. oder

- durchschnittlich mehr als 50 Arbeitnehmer.[1]

Man kann diese Kapitalgesellschaften auch als „kleine" bezeichnen. „Mittlere" Kapitalgesellschaften kennt das italienische Recht im Gegensatz zum deutschen nicht.

Der **Jahresabschluß** besteht wie in Deutschland aus Bilanz (stato patrimoniale), GuV (conto economico) und Anhang (nota integrativa).[2]

Obgleich nicht-börsennotierte Gesellschaften nicht zur Abschlußprüfung durch externe Prüfer verpflichtet sind, unterziehen sie sich freiwillig einer solchen Abschlußprüfung (revisione contabile volontaria).[3]

2.3.2. Società per Azioni (s.p.a.)

Vergleichbar der AG.

Ende 1999 gab es in Italien 40'579 s.p.a., in Deutschland gab es nur rund ein Fünftel so viele AG's.[4] Die s.p.a. ist deshalb so weit verbreitet und so beliebt, weil eine s.p.a. bis 1977 mit einem Mindestkapital von nur ITL 1 Mio. gegründet werden konnte und wegen des im Vergleich zu Deutschland liberaleren Aktienrechts.

---

[1] Art. 2435-bis c.c.
[2] Hofmann, B 22.
[3] Kindler, Wirtschaftsrecht, § 4 RN 213.
[4] Weigmann, 206.

121

Kapitel 3. Italien

2.3.2.1. Register und Firma

Zu **Register** siehe oben 2.1., zu **Firma** siehe oben 2.3.1.1.

Die **Satzung** bedarf mindestens der Form einer notariellen Urkunde; die der Notar beim Gesellschaftsregister einzureichen hat. Weiterhin hat er den Nachweis der Einzahlung sowie den Bericht über die Einlagen zum Gesellschaftsregister einzureichen.[1]

2.3.2.2. Organe

Siehe zunächst oben 2.3.1.2.

Die s.p.a. hatte bisher drei Organe: Hauptversammlung (assemblea dei soci), Geschäftsführung oder Verwaltung (amministrazione) bzw. Verwaltungsrat (consiglio de amministrazione) und Aufsichtsrat (collegio sindacale)[2].[3]

2.3.2.2.1. Hauptversammlung

Die s.p.a.-Hauptversammlung ist wesentlich stärker als die Hauptversammlung einer deutschen AG, da ihr wesentlich mehr und wichtigere Aufgaben zukommen. Sie hat vier Monate nach Ende des Geschäftsjahrs stattzufinden.[4]

Die Hauptversammlung entscheidet über die Zusammensetzung des Aufsichtsrates und der Geschäftsführung.[5] Weiterhin genehmigt die Hauptversammlung den Jahresabschluß. Darüber hinaus entscheidet sie über

---

[1] Deutsch-Italienische Handelskammer.

[2] Manche lehnen "Aufsichtsrat" als Übersetzung ab, weil der collegio sindacale nicht mit dem Aufsichtsrat nach deutschem Recht nicht verglichen werden kann. Der collegio sindacale hat, anders als der Aufsichtsrat einer deutschen AG, keine Personalkompetenz oder Vertretungsbefugnis (Kindler, Wirtschaftsrecht, § 4 RN 171 FN 243 m.w.N.). Hofmann, A IV 7 FN 37, spricht auch von „Consiglio dei sindaci" und meint damit den Aufsichtsrat. Er bezeichnet den Aufsichtsrat aber wegen seiner Buchprüfungspflicht als „Revisorenrat".

[3] Hohloch/Seibold/Vergine, RN 153.

[4] Art. 2364 Abs. 2 c.c.

[5] Artt. 2364, 2383 Abs. 3, 2400 Abs. 1 c.c.

bestimmte Geschäftsführungsfragen, die ihr die Satzung vorbehalten hat oder ihr vom Verwaltungsrat vorgelegt wurden.[1]

Nach dem neuen Recht soll es möglich sein, Sonderrechte für einzelne Gesellschafter einzuführen. Damit werden die beiden Prinzipien der rigiden Kapital-Demokratie und der Haftungsbeschränkung, die auf dem Gleichlauf von Kapitalrisiko und Mitgliedschaftsrechten basieren, aufgehoben.[2]

2.3.2.2.2. Geschäftsführung

Die Geschäftsführung und die Ausführung der Beschlüsse der Hauptversammlung obliegt dem Verwalter (amministratore unico)[3] bzw. den Verwaltern (amministratori), die natürliche Personen,[4] aber nicht Aktionäre sein müssen und einen Verwaltungsrat (consiglio di amministrazione - "cda") bilden. Sie können jederzeit von der Hauptversammlung abberufen werden, wenn die Satzung nichts anderes bestimmt.[5] Grundsätzlich haben die Verwalter **Einzel-Vertretungsbefugnis** (firma disgiunta).[6] Man kann aber nicht automatisch von Einzel-Vertretungsbefugnis ausgehen, sondern sollte sich diese im Zweifel nachweisen lassen.[7]

Der Verwaltungsrat bestimmt einen Vorsitzenden (presidente del consiglio di amministrazione), wenn dieser nicht durch die Hauptversammlung bestimmt wurde. Nur eine natürliche Person kann Vorsitzender sein.[8] Diesem Vorsitzenden steht aber nicht kraft Amtes, sondern nur aufgrund der Satzung die Vertretungsbefugnis zu.[9]

Wenn die Satzung oder die Hauptversammlung es gestattet, so kann der Verwaltungsrat zu seiner Entlastung die Vertretungsbefugnis auf einzelne

---

[1] Art. 2364 c.c.

[2] Buse, RIW 2002, 676, 677.

[3] Teilweise wird „amministratore" auch als „Geschäftsführer" übersetzt.

[4] arg. Art. 2535 c.c.

[5] Hofmann, B 18.

[6] Kindler, § 12, 3 lit. b bb (RN 19).

[7] Kindler, Wirtschaftsrecht, § 4 RN 174 a.E.

[8] Hohloch/Seibold/Vergine, RN 159.

[9] Kindler, § 12, 3 lit. b bb (RN 19).

Kapitel 3. Italien

Mitglieder (amministratori delegati) oder einen Verwaltungs- bzw. Vollzugs-
ausschuß (comitato esecutivo) übertragen. Nicht übertragbar sind aber die
Aufstellung des Jahresabschlusses, die Bevollmächtigung zur Erhöhung und
Herabsetzung des Stammkapitals.[1]

Rechtsgeschäftliche Vertretungsmacht kann auch den häufig anzutreffenden
Generaldirektoren (direttori generali) eingeräumt werden. Sie können ebenfalls kollegial organisiert sein (direzione generale bzw. comitato di direzione).[2]

Wird ein neues Mitglied in den Verwaltungsrat aufgenommen oder scheidet
ein bisheriges Mitglied aus, so ist dieser Wechsel innerhalb von 30 Tagen
zum Unternehmensregister anzumelden, ansonsten kann sie nur Dritten entgegengehalten werden, die hiervon wußten, was die s.p.a. zu beweisen hat.[3]

2.3.2.2.3. Aufsichtsrat und Wirtschaftsprüfer

Zur Prüfung durch eine externe Prüfungsgesellschaft sind nur börsennotierte
Gesellschaften und Gesellschaften aus Branchen mit großem öffentlichen
Interesse verpflichtet.[4]
Die übrigen s.p.a.'s werden durch den Aufsichtsrat als internes Kontrollorgan
(Collegio Sindacale) geprüft. Weitere Aufgaben sind die laufenden Aufsichts-
pflichten (u.a. hinsichtlich der Einhaltung der Gesetze und des Gesellschafts-
vertrags (contratto di società) sowie der Buchhaltung und des
Jahresabschlusses[5]) sowie die Beratung des Verwaltungsrats bzw. der Ge-
schäftsführung.[6]
Die Mitglieder des Aufsichtsrates (sindaci) haben an den Sitzungen des Ver-

---

[1] Hohloch/Seibold/Vergine, RN 160.
[2] Hohloch/Seibold/Vergine, RN 161.
[3] Artt. 2383 Abs. 4, 2457-ter c.c.
[4] Hofmann, B 29, Schwappach/Hemmelrath, § 36 2 lit. i). Solche Branchen mit großem
öffentlichen Interesse sind im wesentlichen: Versicherungs-, Vermögensverwaltungs-,
Zeitungsverlagsgesellschaften, Investmentfonds (Schwappach/Hemmelrath, § 36 2 lit. i).
[5] Art. 2403 c.c.
[6] Art. 2403 c.c.

waltungsrates teilzunehmen und können an den Sitzungen des Vollzugsaus-
schusses teilnehmen.[1]

Der Aufsichtsrat besteht aus drei oder fünf ordentlichen Mitgliedern (sindaci
effettivi), die nicht Aktionäre sein müssen; es sind zwei Ersatz-Mitglieder
(sindaci supplenti) zu bestellen.[2]
Mitglieder des Aufsichtsrats können nur Personen sein, die im beim Justizmi-
nisterium in Rom geführten Register für Buchprüfer (registro di revisori con-
tabili) eingetragen sind.[3]

Nach dem Reformgesetz soll es - ähnlich wie in Frankreich (siehe oben Kapitel 2, 3.3.2.1.2.) - hinsichtlich der Leitung und der Kontrolle der s.p.a. ein
Wahlrecht unter drei verschiedenen Systemen geben. Zur Wahl stehen das
soeben dargestellte traditionelle System, ein dem deutschen ähnliches, dua-
listisches System sowie ein dem britischen System nachempfundenes. Frag-
lich ist dabei, ob bei der Wahl des deutschen oder britischen Systems die
persönlichen Anforderungen an die Mitglieder des Aufsichtsrats gelockert
werden.[4]

Es besteht also die Wahl zwischen den 2-gliedrigen Systemen Deutschlands
(Aufsichtsrat als Kontroll-Organ und Vorstand) und Großbritanniens (Verwaltungsrat [Board of Directors] als Geschäftsführungsorgan und Managing Directors als Executiv-Organ) (näher hierzu siehe unten Kapitel 4, 2.1.2.2.) und
dem 3-gliedrigen italienischen System mit Verwaltungsrat (consiglio di amministrazione) und nachgeordnetem Verwaltungs- bzw. Vollzugsausschuß (comitato esecutivo) einerseits und dem kontrollierenden Aufsichtsrat (collegio
sindacale) andererseits.

Eine obligatorische Mitbestimmung wie in Deutschland (siehe oben Kapitel 1,
2.2.2.2.2.) wird es auch weiterhin nicht geben. Sie wurde als „Beschäfti-

[1] Artt. 2403 Abs. 2, 2405 c.c.
[2] Art. 2397 Abs. 1 c.c.
[3] Kindler, Wirtschaftsrecht, § 4 RN 203 m.w.N.
[4] Buse, RIW 2002, 676, 678.

gungsbremse" abgelehnt - auch von der Mitte-Links-Regierung, die das Reformgesetz initiiert hatte.[1]

2.3.2.3. Vermögen und Haftung

Siehe zunächst oben 2.3.1.3.

Das Mindest-Grundkapital beträgt EUR 100'000[2] und kann auch in Sacheinlagen erbracht werden. Es muß bei der Gründung voll gezeichnet und zu 30% eingezahlt sein, die restlichen 70% sind auf Verlangen des Verwaltungsrates einzuzahlen.[3] Nach dem Reformgesetz soll das Mindest-Grundkapital angemessen angehoben werden, wobei über die zukünftige Höhe die Regierung durch Rechtsverordnung entscheidet. Zukünftig sollen auch solche Werte eingebracht werden können, die weder abstrakt verkehrs- noch aktivierungsfähig sind.[4]

Ähnlich wie bei der deutschen AG muss die s.p.a. 5% des Gewinns in eine gesetzliche Rücklage einstellen, bis 20% des Grundkapitals erreicht sind.[5]

Nach dem Reformgesetz soll es möglich sein, daß die Satzung die Bildung von Sondervermögen für besondere Geschäfte und die Emission verbriefter Beteiligungen hieran vorsehen kann. Dabei wäre die **Haftung** der s.p.a. aus diesen Geschäften auf das jeweilige Sondervermögen begrenzt. Über die Praktikabilität dieser Vorschrift muß die zukünftige Praxis entscheiden.[6]

Die s.p.a. konnte bisher anders als die deutsche AG nicht von nur einer Person gegründet werden.[7] Nach dem Reformgesetz sollen Ein-Mann-

---

[1] Buse, RIW 2002, 676, 678.
[2] Art. 2327 c.c. (Deutsch-Italienische Handelskammer).
[3] Schwappach/Zwernemann, § 37 8 lit. a.
[4] Buse, RIW 2002, 676, 678.
[5] Art. 2430 c.c.
[6] Buse, RIW 2002, 676, 677 f.
[7] Schwappach/Zwernemann, § 37 8 lit. a.

Gründungen möglich sein.[1] Sowohl Personen- als auch Kapitalgesellschaften können **Aktionär** sein.[2]

2.3.2.4. Rechnungslegung und Publizität

Zu **Rechnungslegung** siehe zunächst oben 2.3.1.4.

Der Verwaltungsrat hat den aus Bilanz (stato patrimoniale), GuV (conto economico) und Anhang (nota integrativa) bestehenden Jahresabschluss (bilancio) aufzustellen sowie einen Lagebericht (relazione sulla gestione) zu erstellen. Jahresabschluss und Lagebericht hat der Verwaltungsrat dem Aufsichtsrat zuzuleiten. Der Aufsichtsrat hat der Hauptversammlung über das abgelaufene Geschäftsjahr zu berichten.[3]

Binnen 30 Tagen nach Genehmigung des Jahresabschlusses durch die Hauptversammlung ist u.a. eine Kopie des Jahresabschlusses und des Lageberichts sowie des Berichts des Aufsichtsrats beim Gesellschaftsregister zu hinterlegen.[4]

2.3.3. Società a Responsabilità Limitata (s.r.l.)

Vergleichbar der GmbH.

Die s.r.l. entspricht im wesentlichen der s.p.a. Die s.r.l. ist, auch in der Technik des Gesetzes, eine kleine Schwester der s.p.a.[5] Die s.r.l. unterscheidet sich hinsichtlich der in dieser Arbeit relevanten Aspekten nur in folgenden Punkten von der s.p.a.: sie hat ein geringeres Mindest-Kapital, sie kann keine Aktien begeben und u.U. kann auf den Aufsichtsrat (collegio sindacale) verzichtet werden.

---

[1] Buse, RIW 2002, 676, 678.
[2] Schwappach/Zwernemann, § 37 8 lit. a.
[3] Hohloch/Seibold/Vergine, RN 188.
[4] Hofmann, B 25.
[5] Buse, RIW 2002, 676, 677.

2.3.3.1. Register und Firma

Zu **Register** siehe oben 2.1., zu **Firma** siehe oben 2.3.1.1.

Die **Satzung** bedarf mindestens der Form einer notariellen Urkunde; der Notar hat sie beim Gesellschaftsregister einzureichen; weitere Unterlagen sind nicht beim Gesellschaftsregister einzureichen.[1]

Ein-Personen-s.r.l. sind als solche auf Geschäftsbriefen zu kennzeichnen.[2]

2.3.3.2. Organe

Siehe zunächst oben 2.3.2.2.

Die s.r.l. ist im Bereich der Organe eine modifizierte s.p.a.; wie die s.p.a. hat die s.r.l. eine Gesellschafter-Versammlung, eine Geschäftsführung und ggf. einen Aufsichtsrat.

Durch das Reformgesetz soll den Gesellschaftern hinsichtlich der inneren Verfassung der s.r.l. mehr Gestaltungsfreiheit eingeräumt werden, um die Gesellschaft ihren Bedürfnissen anzupassen.[3]

2.3.3.2.1. Gesellschafter-Versammlung

Es wird auf die oben bei der Hauptversammlung der s.p.a. (AG) unter 2.3.2.2.1 gemachten Ausführungen verwiesen.

2.3.3.2.2. Geschäftsführung

Zu den Geschäftsführungs- und Vertretungsbefugnissen siehe oben 2.3.2.2.2.

Nach dem gesetzlichen Modell besitzen ein oder mehrere Gesellschafter als Gesellschafter-Geschäftsführer Geschäftsführungsbefugnis, aber auch Dritte können zu Geschäftsführern bestellt werden.[4]

---

[1] Hohloch/Seibold/Vergine, RN 220.
[2] Art. 2250 Abs. 4 c.c.
[3] Buse, RIW 2002, 676, 679.
[4] Art. 2487 Abs. 1 c.c.

Kapitel 3. Italien

Aber auch das eingangs erwähnte Reform-Rahmengesetz läßt offen, ob in der Satzung Gesamt-Geschäftsführung vereinbart werden kann.[1]

2.3.3.2.3. Aufsichtsrat

Siehe zunächst oben 2.3.2.2.3.

Ein Aufsichtsrat ist zu bestellen, wenn

- die Satzung dies vorsieht,

- das Stammkapital mindestens EUR 103'291,38[2] beträgt oder

- es sich um eine „große Kapitalgesellschaft"[3] handelt.[4]

Die „kleine s.r.l."[5] kann insofern mit der deutschen „kleinen GmbH" verglichen werden, denn bei beiden wird der Jahresabschluss nicht geprüft. Mindestens ein Aufsichtsratsmitglied muss ein zugelassener und in o.g. Liste[6] geführter Rechnungsprüfer sein.[7] Wird kein Aufsichtsrat bestellt, so stehen jedem Gesellschafter weitgehende Kontrollbefugnisse zu.[8]

Externe Abschlussprüfer sieht das Gesetz grundsätzlich nicht vor,[9] vielmehr erfolgt die Prüfung durch den ggf. bestellten Aufsichtsrat.[10] Ebensowenig wie die deutsche kleine Kapitalgesellschaft[11] unterliegt also eine

---

[1] Buse, RIW 2002, 676, 677.

[2] Dieser Wert ergibt sich aus der Umrechnung des in Art. 2488 c.c. angegebenen Betrags von 200 Mio. ITL; eine Glattstellung auf 100'000 EUR ist bis jetzt nicht erfolgt (Buse, RIW 2002, 676, 679).

[3] Siehe hierzu näher oben 2.3.1.4.

[4] Artt. 2488, 2435-bis c.c.

[5] Siehe oben 2.3.1.4.

[6] Siehe oben 2.3.2.2.3.

[7] Hofmann, B 29.

[8] Näher hierzu: Hohloch/Seibold/Vergine, RN 227.

[9] Zu Ausnahmen siehe oben 2.3.2.2.3.

[10] Hofmann, B 29.

[11] Siehe oben Kapitel 1, 2.2.1.3.

Aufsichtsrat-lose und somit ebenfalls „kleine" s.r.l. einer gesetzlich vorge-schriebenen Abschlussprüfung.

2.3.3.3. Vermögen und Haftung

Siehe hierzu zunächst oben 2.3.1.3.

Das Stammkapital (capitale sociale) beträgt mindestens EUR 10'000; bei Gründung sind mindestens 30% des Stammkapitals einzuzahlen.[1] Das Gesetz regelt nicht, bis wann der Restbetrag zu leisten ist.

Hinsichtlich des Stammkapitals soll es durch das Reformgesetz keine Änderungen geben, insbesondere gibt es keine Höchstgrenze. Das Reformgesetz bestimmt lediglich, daß „der Mindestbetrag des Kapitals in Übereinstimmung mit der wirtschaftlichen Funktion des Modells" festzusetzen ist.[2]

Gesellschafter der s.r.l. können Personen- und Kapitalgesellschaften sein.[3]

Wie im deutschen Recht ist eine Ein-Mann-s.r.l. möglich. Der Allein-Gesellschafter haftet aber (**Durchgriffshaftung**), wenn

- er eine juristische Person ist oder er an einer anderen Kapitalgesell-schaft als Allein-Gesellschafter beteiligt ist,

- er die Einlagen nicht geleistet hat oder

- wenn nicht publiziert wurde, daß es sich um eine Ein-Mann-s.r.l. han-delt.[4]

---

[1] Hofmann, B 3.
[2] Buse, RIW 2002, 676, 679.
[3] Hofmann, B 7.
[4] Hofmann, B 8.

Bedeutung

Der Allein-Gesellschafter einer s.r.l. haftet also nicht nur im Falle der Insolvenz der s.r.l., sondern - und damit wesentlich strenger als ein Allein-Gesellschafter einer deutschem GmbH - bereits in den soeben genannten Fällen.

2.3.3.4. Rechnungslegung und Publizität

Zu **Rechnungslegung** siehe oben 2.3.1.4., zu **Abschlußprüfung** siehe oben 2.3.3.2.3.

Binnen 30 Tagen nach seiner Genehmigung durch die Gesellschafter-Versammlung ist eine Kopie des Jahresabschlusses beim Unternehmensregister einzureichen.[1]

---

[1] Artt. 2493, 2435 c.c.

Teil 3. Anglo-amerikanischer Rechtskreis

Kapitel 4. Großbritannien[1]

1. Personengesellschaften

Grundform der englischen Personengesellschaft ist die Partnership.[2]

Anders als im kontinental-europäischen Rechtskreis wird nicht zwischen Gesellschaft bürgerlichen Rechts und Handelsgesellschaften unterschieden, vielmehr gibt es nur eine Gesellschaftsform, bei der zumindest ein Teil der Gesellschafter unbeschränkt haftet: die Partnership.[3]

Weiterhin gibt es auch keine besondere, der kontinental-europäischen Stillen Gesellschaft entsprechende Form. Vielmehr führt ein entsprechender Vertrag zu einer Personengesellschaft (Partnership), bei der eben nur ein Gesellschafter die Geschäftsführung übernimmt bzw. nach außen auftritt.[4]

Da die Gesellschaftsform der Kapitalgesellschaft (Company) sehr flexibel ist, bedarf es auch keiner weiteren Rechts- oder Mischformen wie z.B. der GmbH & Co. KG;[5] dem englischen Gesellschaftsrecht ist eine solche Mischform unbekannt.[6]

---

[1] Korrekt müßte es "Vereinigtes Königreich von Großbritannien und Nordirland" heißen, wobei Großbritannien England, Schottland und Wales umfaßt. Die folgenden Ausführungen beziehen sich nur auf die Regelungen in England und Schottland.

[2] Güthoff, A.

[3] Güthoff, A.

[4] Güthoff, A II.

[5] Nagel, XIV 2 lit. f.

[6] Güthoff, A FN 1.

Kapitel 4. Großbritannien

Die Personengesellschaften (Partnerships) haben im Bereich der Unternehmen nur geringe Bedeutung bzw. kommen kaum vor,[1] da die Gründungsanforderungen bei der der GmbH vergleichbaren Private Limited Company gering sind und kein Mindest-Stammkapital vorgeschrieben ist,[2] und für die Gesellschaftsverbindlichkeiten nur die Company haftet, nicht aber die Gesellschafter. Auch steuerlich werden die Personengesellschaften (Partnerships) gegenüber den Kapitalgesellschaften (Companies) nicht privilegiert.[3]

Bedeutung

Das englische Recht ist - zumindest hinsichtlich der Formen - weniger kompliziert und somit übersichtlicher als das kontinental-europäische und insbesondere das deutsche Recht, weil es nicht über so viele Formen verfügt.

1.1. General Partnership

Vergleichbar der GbR bzw. OHG.

Die General Partnership unterscheidet sich von der GbR dadurch, daß sie auf Gewinnerzielung ausgerichtet sein muß,[4] von der OHG dadurch, daß sie kein Handelsgewerbe betreiben muß.[5]

Sie wird wegen standesrechtlicher Vorschriften, die aber immer stärkerer Kritik begegnen, von den freien Berufen (u.a. Rechtsanwälte, Wirtschaftsprüfer, Ärzte) gewählt.[6]

---

[1] Triebel, RN 571. Allerdings gibt es in Großbritannien 600.000 Partnerships, bei denen es sich zumeist um Zusammenschlüsse von Angehörigen freier Berufe handeln dürfte (Triebel/Karsten, RIW 2001, 1, 5 f.).

[2] Güthoff, A III.

[3] Triebel, RN 571.

[4] Güthoff, A II.

[5] Güthoff, B I 1, C 2.

[6] Güthoff, A II. Auch vor diesem Hintergrund wurde die soeben erwähnte Limited Liability Partnership (LLP) eingeführt, vgl. Triebel/Karsten, RIW 2000, 1, 2 f.

Kapitel 4. Großbritannien

1.1.1. Register und Firma

Der Gesellschaftsvertrag der General Partnership kann formlos, also auch mündlich abgeschlossen werden.[1]

Die General Partnership muß und kann nicht in ein **Register** eingetragen werden.[2]

Die **Firma** (firm's name) kann den Namen eines oder aller Gesellschafter enthalten, dem Geschäftszweig entnommen oder eine Phantasie-Bezeichnung sein.[3]

Bedeutung

Hinsichtlich der Registrierung ist die Partnership der GbR vergleichbar, die ebenfalls und anders als die OHG nicht in ein Register eingetragen werden kann. Diese mangelnde Publizität mag zunächst als Mangel erscheinen, nivelliert sich aber, wenn man bedenkt, daß Unternehmen kaum in der Form der General Partnership, sondern vor allem in der Form der zu sehr weitgehender Publizität verpflichteten Company betrieben werden.

1.1.2. Geschäftsführung und Vertretung

Ist im Gesellschaftsvertrag nichts anderes geregelt, so haben die Gesellschafter im Innenverhältnis **Gesamt-Geschäftsführungsbefugnis**[4] und im Außenverhältnis ähnlich wie Gesellschafter einer deutschen OHG für gewöhnliche Geschäfte (!) **Einzel-Vertretungsbefugnis**.[1]

Es kann streitig sein, was zu den "gewöhnlichen Geschäften" zählt. Darüber hinaus können Beschränkungen der Vertretungsmacht des Gesellschafters dem Geschäftspartner unbekannt sein. Um Unsicherheiten im Geschäftsver-

---

[1] Güthoff, B I 2.
[2] Güthoff, B I 2.
[3] Güthoff, B I 4.
[4] Güthoff, B I 12.

kehr zu vermeiden, wird auf die „usual authority" des vertretenden Gesellschafters zurückgegriffen, wobei zwischen der „usual authority" eines Gesellschafters einer Trading Partnership und einer Non-Trading Partnership unterschieden wird: Nur der Gesellschafter einer Trading Partnership besitzt die
„usual authority", um einen Darlehensvertrag abzuschließen, Kredit-
Sicherheiten einzuräumen und Wechsel-Verbindlichkeiten einzugehen. Seine
„usual authority" ermächtigt ihn aber nicht, sich im Namen der Partnership zu
verbürgen oder einen Schiedsvertrag abzuschließen, was insbesondere bei
Schiedsgerichtsvereinbarungen zu beachten ist.

Auf die „usual authority" kann sich nicht berufen, wer die Beschränkung der
Vertretungsbefugnis kannte oder kennen mußte oder wer gar nicht wußte,
daß er mit einer Partnership einen Vertrag abschließt[2].[3]

Bedeutung

Vor allem im internationalen Geschäft, in dem oftmals Schiedsgerichtsvereinbarungen getroffen werden, kann also nicht ohne weiteres davon ausgegangen werden, daß der Gesellschafter einer Trading Partnership hierzu ermächtigt ist; im Streitfall kann dies beträchtliche Folgen haben. Es empfiehlt
sich daher, sich die Ermächtigung zum Abschluß einer solchen Vereinbarung
von allen Gesellschaftern schriftlich bestätigen zu lassen.

1.1.3. Vermögen und Haftung

Das **Gesellschaftskapital** kann aus Bar- und Sacheinlagen, worunter auch
die Überlassung einer Sache zur Nutzung zu verstehen ist, sowie der Erbringung von Dienstleistungen bestehen.[4]

---

[1] Güthoff, B I 13.
[2] Der mit einem Gesellschafter einer Partnership einen Vertrag Schließende, der von der Partnership nichts wußte, soll nicht nachträglich mit weiteren ihm Haftenden beglückt werden.
[3] Güthoff, B I 13.
[4] Güthoff, B I 6.

Die Gesellschafter **haften** neben dem Gesellschaftsvermögen gesamt-schuldnerisch mit ihrem Privatvermögen. Der Gesellschafter haftet aber nur für die Verbindlichkeiten der Partnership, die während seiner Zeit als Gesell-schafter entstanden sind.[1]

Entnimmt ein Gesellschafter mit Zustimmung der übrigen Gesellschafter ei-nen Gesellschaftsgegenstand durch Herabsetzung seines Anteils und wird die Partnership in diesem Zeitpunkt zahlungsunfähig, so ist die Entnahme gegenüber den Gesellschaftsgläubigern unwirksam.[2]

Gesellschafter können sowohl natürliche als auch juristische Personen sein.[3] Das Gesetz begrenzt die Zahl der Gesellschafter grds. auf 20.[4] Größe-re Unternehmen sollen dadurch gezwungen werden, sich als Kapitalgesell-schaften zu organisieren, die strengeren gesetzlichen Bestimmungen unter-liegen und besser kontrolliert werden können.[5]

1.1.4. Gesellschafter-Wechsel

Die Übertragung von Anteilen ist nur möglich, wenn alle Gesellschafter zu-stimmen,[6] dabei handelt es sich nicht um einen gesetzlichen Grundsatz, von dem per Vertrag abgewichen werden kann, sondern um eine zwingende Vor-schrift. Hiervon zu unterscheiden ist die ohne Zustimmung der Gesellschafter mögliche Verpfändung oder Abtretung des Vermögensanteils, bei dem die Gewinnansprüche und das Auseinandersetzungsguthaben übertragen wer-den, die Gesellschafter-Stellung aber bei dem übertragenden Gesellschafter verbleibt.[7]

---

[1] Güthoff, B I 14 lit. a.
[2] Güthoff, B I 6 m.w.N. aus der Rspr.
[3] Güthoff, B I 3.
[4] Für Freiberufler gibt es Ausnahmen. Sollen Bankgeschäfte betrieben werden, ist die Zahl der Gesellschafter auf 10 begrenzt (Schwappach/Zwernemann, § 37 Ziff. 15 lit. b).
[5] Güthoff, B I 3.
[6] Güthoff, B I 11.
[7] Güthoff, B I 11, C 13.

Kapitel 4. Großbritannien

Da der Gesellschafter einer Partnership nur für die während seiner Zeit als Gesellschafter entstandenen Verbindlichkeiten haftet,[1] haftet der **eintretende Gesellschafter** nicht für die vor seinem Eintritt entstandenen Alt-Schulden, und der ausscheidende Gesellschafter grds. nicht für die nach seinem Austritt entstandenen Neu-Schulden.[2]

Der **ausscheidende Gesellschafter** haftet aber dann für Neu-Schulden, wenn dem Gläubiger die Gesellschafter-Eigenschaft bekannt[3] und das Ausscheiden unbekannt war. Um die Unkenntnis neuer Gläubiger zu vermeiden, reicht die Veröffentlichung des Ausscheidens in der London Gazette bzw. Edinburgh Gazette aus.[4]

Bedeutung

Da der eintretende Gesellschafter nicht für die vor seinem Eintreten entstandenen Gesellschaftsverbindlichkeiten haftet, stehen dem Gläubiger weniger Gesellschafter zur Befriedigung seiner Ansprüche zur Verfügung als wenn es sich um eine deutsche GbR bzw. OHG handelte.

1.1.5. Rechnungslegung und Publizität

Anders als im deutschen Recht besteht für Partnerships weder eine Buchführungspflicht noch eine Pflicht zur Erstellung eines Jahresabschlußes, auch nicht nach steuerrechtlichen Vorschriften.[5] Daraus folgt, daß die Partnership, ebensowenig wie die allermeisten deutschen OHG's, nicht zur (finanziellen) Publizität verpflichtet ist. Der Gesellschaftsvertrag wird jedoch zumeist die Erstellung und Prüfung eines Jahresabschlußes vorsehen.[6]

---

[1] Siehe soeben oben 1.1.3.

[2] Güthoff, B I 14 lit. a.

[3] Der Gläubiger der Partnership, der von dem ausscheidenden Gesellschafter gar nichts wußte, soll nicht im Nachhinein mit einem zusätzlich haftenden Gesellschafter „beschenkt" werden.

[4] Güthoff, B I 14 lit. a.

[5] Triebel, RN 745.

[6] Güthoff, B I 8.

1.2. Limited Liability Partnership (LLP)

Vergleichbar der Partnschaft.

Der Vollständigkeit halber sei noch die seit dem 20.07.2000 eingeführte, an die General Partnership angelehnte Gesellschaftsform der **Limited Liability Partnership (LLP)**[1] erwähnt. Die Limited Liability Partnership dürfte insbesondere für freie Berufe, die bisher zum allergrößten Teil in Partnerships, aber nicht in Companies zusammengeschlossen waren, interessant sein, weniger für Unternehmen.[2] Aus diesem Grunde wird hier nicht näher auf sie eingegangen.

Die Limited Liability Partnership (LLP) ist registrierungspflichtig und muß in ihrer Firma "Limited Liability Partnership", „llp" oder "LLP" führen. Ihre Haftung ist teilweise, insbesondere bei auf Vertrag beruhenden Verbindlichkeiten, auf das Gesellschaftsvermögen begrenzt, die Gesellschafter (partner) haften daneben nicht.

---

[1] Nicht zu verwechseln mit der der KG vergleichbaren Limited Partnership. Interessanterweise gibt es die Gesellschaftsform der Limited Liability Partnership (LLP) in den USA schon länger. Insbesondere das US-Konzept stand denn auch Pate für die in Großbritannien neu eingeführte Gesellschaftsform (Triebel/Karsten, RIW 2001, 1, 2).

[2] Näher zur LLP: Triebel/Karsten, RIW 2001, 1 ff.

1.3. Limited Partnership

Vergleichbar der KG.

Wie die deutsche KG auf der OHG aufbaut, so baut auch die Limited Partnership auf der General Partnership auf.[1]

Die Limited Partnership besteht wie die deutsche KG aus mindestens einem unbeschränkt haftenden Komplementär (general partner) und einem Kommanditist (limited partner), dessen Haftung auf die von ihm geleistete Einlage beschränkt ist.[2]

1.3.1. Register und Firma

Zu **Register** (inkl. Adressen) siehe unten 2.1.1.

Die Limited Partnership muß beim **Gesellschaftsregister** (Registrar of Companies) registriert werden. Dabei müssen u.a. angegeben werden: die Namen aller Gesellschafter und die Einlagen-Höhe der Kommanditisten.[3]

In das Gesellschaftsregister kann jedermann Einsicht nehmen bzw. einen Auszug verlangen.[4]

Die **Firma** (firm's name) kann den Namen eines oder aller Gesellschafter enthalten, dem Geschäftszweig entnommen oder eine Phantasie-Bezeichnung sein.[5]

1.3.2. Geschäftsführung und Vertretung

Nur die Komplementäre (general partner) haben **Geschäftsführungsbefugnis**. Ist nichts anderes vereinbart, besitzen sie Gesamt-Geschäftsführungsbefugnis.[6]

---

[1] Güthoff, B II.
[2] Güthoff, B II 1.
[3] Güthoff, B II 2.
[4] Triebel, RN 741 f.
[5] Güthoff, B I 4.
[6] Güthoff, B I 12.

Weiterhin haben die Komplementäre für gewöhnliche Geschäfte grundsätzlich Einzel-Vertretungsbefugnis.[1] Hinsichtlich der „gewöhnlichen Geschäfte"
wird auf die oben unter 1.1.2. gemachten Ausführungen verwiesen.

Die Komplementäre allein entscheiden auch über die Aufnahme weiterer Gesellschafter. Die Kommanditisten (limited partner) können aber die Komplementäre beraten. Nimmt ein Kommanditist tatsächlich an der Geschäftsführung teil, haftet er für alle in dieser Zeit eingegangenen Verbindlichkeiten wie
ein Komplementär.[2]

Die Kommanditisten sind von der **Vertretung** ausgeschlossen.[3]

1.3.3. Vermögen und Haftung

Das **Gesellschaftskapital** kann aus Bar- und Sacheinlagen, worunter auch
die Überlassung einer Sache zur Nutzung zu verstehen ist, sowie der Erbringung von Dienstleistungen bestehen.[4]

Die Komplementäre **haften** neben dem Gesellschaftsvermögen gesamtschuldnerisch mit ihrem Privatvermögen. Der Komplementäre haftet aber nur
für die Verbindlichkeiten der Gesellschaft, die während seiner Zeit als Komplementäre entstanden sind.[5]

Entnimmt ein Komplementär mit Zustimmung der übrigen Komplementäre
einen Gesellschaftsgegenstand durch Herabsetzung seines Anteils und wird
die Gesellschaft in diesem Zeitpunkt zahlungsunfähig, so ist die Entnahme
gegenüber den Gesellschaftsgläubigern unwirksam.[6]

Der Kommanditist (limited partner) muß seine Einlage bei Gründung voll erbracht haben, Arbeits- oder Dienstleistungen scheiden daher für ihn als Einlage aus, da sie erst in der Zukunft erbracht werden. Er darf seine Einlage

---

[1] Güthoff, B I 13.
[2] Güthoff, B II 5.
[3] Güthoff, B II 5.
[4] Güthoff, B I 6.
[5] Güthoff, B I 14 lit. a.
[6] Güthoff, B I 6 m.w.N. aus der Rspr.

nicht ganz oder teilweise wieder entnehmen, anderenfalls haftet er wie der Kommanditist der deutschen KG in Höhe der entnommenen Einlage für die Gesellschaftsverbindlichkeiten persönlich.[1]

Zu den möglichen **Gesellschaftern** siehe oben unter 1.1.3.

1.3.4. Gesellschafter-Wechsel

Zum **Wechsel eines Komplementärs** siehe oben 1.1.4.

Der Kommanditist (limited partner) kann seinen Anteil nur mit Zustimmung aller übrigen Gesellschafter übertragen. Die Übertragung ist Dritten gegenüber nur wirksam, wenn sie in der London Gazette bzw. Edinburgh Gazette veröffentlicht wird.[2]

Zu **Rechnungslegung und Publizität** siehe oben 1.1.5.

2. Kapitalgesellschaften

Grundform der englischen Kapitalgesellschaften ist die Company.[3]

Neben den Rechtsformen der **Company limited by guarantee**[4] (Gesellschaft mit beschränkter Nachschußpflicht; bei ihr verpflichten sich die Gesellschafter im Falle der Liquidation der Company für deren Verbindlichkeiten bis zu einer bestimmten Höhe zu haften[5]) und der **Unlimited Company**[6], die beide kaum praktische Bedeutung[7] haben und auf die deshalb hier nicht näher eingegangen wird, gibt es die **Company limited by shares** (Kapitalgesellschaft), bei der die Haftung der Gesellschafter wie bei den deutschen Kapitalgesellschaften auf die Einlage beschränkt ist. Allerdings kann eine unbe-

---

[1] Güthoff, B II 3.
[2] Güthoff, B II 4.
[3] Güthoff, A.
[4] Siehe hierzu näher Güthoff, B IV 1 lit. b.
[5] Bernstorff, EU-Wirtschaftsrecht, 14.2.7, S. 169.
[6] Siehe hierzu näher Güthoff, B IV 1 lit. c.
[7] Nagel, XIV 2 lit. f), S. 307.

schränkte Haftung der Mitglieder des Verwaltungsrats (board of directors) vorgesehen werden.[1]

Die **Company limited by shares** wird in **Public Companies** (vergleichbar der deutschen AG) und **Private Companies** (vergleichbar der deutschen GmbH) eingeteilt. Alle Companies werden als Private Company eingestuft, es sei denn, sie erfüllen die wesentlich strengeren Erfordernisse, die der Public Company auferlegt sind.[2] Private Company und Public Company sind einander viel ähnlicher als die deutsche GmbH und die AG,[3] allerdings entspricht funktional Private Company der GmbH und die Public Company der deutschen AG.[4] Die Private Company ist auch gesetzestechnisch eine modifizierte Public Company.[5]

Die Kapitalgesellschaft kann zu jedem gesetzlich zulässigen Zweck gegründet werden, auf eine Gewinnerzielungsabsicht kommt es dabei nicht an.[6]

Im Recht der Public Company erhält der Gesetzgeber immer mehr Schutznormen oder führt neue ein, die insbesondere durch EG-Richtlinien vorgegeben sind; während er das Recht der Private Company hingegen immer mehr dereguliert.[7]

---

[1] Bernstorff, EU-Wirtschaftsrecht, 14.2.7, S. 169
[2] Triebel, RN 576; Triebel/Karsten, RIW 2001, 1, 2.
[3] Triebel, RN 584.
[4] Triebel, RN 586.
[5] Güthoff, B IV.
[6] Güthoff, A.
[7] Nagel, XIV 2 lit. f), S. 307.

2.1. Public Company Limited by Shares (plc)[1]

Vergleichbar der AG.

2.1.1. Register[2] und Firma[3]

Die Public Company hat sich in das vom Registrator bzw. Registrar of Companies geführte **Gesellschaftsregister**[4] eintragen zu lassen.[5]

Der Registrator ist ein Beamte des Handels- und Wirtschaftsministerium (Department of Trade and Industry)[6] und hat seinen Sitz für England und Wales in Cardiff[7] mit einer Zweigniederlassung in London[8], für Schottland in Edinburgh[9].

Die Public Company hat zur Eintragung beim Gesellschaftsregister u.a. die das Außen-Verhältnis betreffende, zumindest schriftlich abgeschlossene,[10] Satzung (memorandum of association), ggf. die das Innen-Verhältnis betreffende Geschäftsordnung (articles of association), eine Liste, die persönliche Daten über die Direktoren und den Sekretär enthält sowie eine Gründungserklärung einzureichen.[11]

---

[1] In Wales als "cwmni cyfyngedig cyhoeddus", abgekürzt: "c.c.c." bezeichnet.

[2] Ausführlich hierzu: Eiselberg/Baker, S. 42.

[3] Ausführlich hierzu: Triebel, RN 607 - 613.

[4] In der Literatur wird zum Teil zwischen der das Gesellschaftsregister führenden Behörde, dem dieser Behörde vorstehenden Registrator bzw. Registrar of Companies und dem Gesellschaftsregister selbst unterschieden. Zwar wird auch in Deutschland zwischen dem Register-Gericht und dem Handelsregister unterschieden, da aber die Unterscheidung zu Unklarheiten führen kann, wird nachfolgend für die Register-Behörde, ihren Vorsteher und das von der Register-Behörde geführte Gesellschaftsregister nur die Bezeichnung des Gesellschaftsregisters verwendet. Die Register-Behörde wird teilweise auch als Companies House oder Companies Registration Office, das Register als Register of Companies bezeichnet.

[5] Güthoff, B III 1.

[6] Vergleichbar dem deutschen Bundeswirtschaftsministerium.

[7] Companies House, Crown Way, Maindy, Cardiff, CF4 3UZ.

[8] 55 - 71 City Road, London ECI IYBB.

[9] Companies House, Exchequer Chambers, 102 George Street, Edinburgh, EH2 3DJ.

[10] Güthoff, B III 2 lit. a.

[11] Güthoff, B III 3.

Kapitel 4. Großbritannien

Wird keine Geschäftsordnung vorgelegt, so gilt die vom Secretary of State erlassene Muster-Geschäftsordnung. Enthält die vorgelegte Geschäftsordnung Lücken, so gilt ergänzend die Muster-Geschäftsordnung.[1]

Nach Prüfung der Unterlagen wird die Public Company in das Gesellschaftsregister eingetragen. Jeder Company wird eine Eintragungsnummer zugeteilt, die bei den in Schottland registrierten Companies mit „SC" beginnt.[2] Weiterhin wird ihr die Gründungsbescheinigung (certificate of incorporation) ausgestellt, durch die sie zur juristischen Person wird.[3]

In einem weiteren, vom Gesellschaftsregister durchgeführten Verfahren, wird der Public Company die Urkunde über die Berechtigung zur Aufnahme der Geschäfte (trading certificate) erteilt, ohne die sie nicht am Geschäftsverkehr teilnehmen darf.[4] Voraussetzung für die Erteilung dieser Urkunde ist der Nachweis der Zeichnung des Mindest-Nominalkapitals von 50.000 GBP und die Zahlung von mindestens 25% des Nominalkapitals.[5]

In das Gesellschaftsregister kann jedermann Einsicht nehmen bzw. einen Auszug verlangen.[6]

Darüber hinaus ist beim Gesellschaftsregister auch ein Verzeichnis der Belastungen des Gesellschaftsvermögens einsehbar.[7] Umfassend können sich auch Gläubiger bei der Gesellschaft selbst informieren: Sie ist dazu verpflichtet, zahlreiche Unterlagen aufzubewahren und Gesellschaftsgläubigern kostenlos Einblick zu gewähren (selbst die Anstellungsverträge der Direktoren!).[8]

---

[1] Triebel, RN 589.
[2] Güthoff, B III 3.
[3] Güthoff, B III 3.
[4] Güthoff, B III 4.
[5] Triebel, RN 591.
[6] Triebel, RN 741 f.
[7] Triebel, RN 741.
[8] Triebel, RN 742.

Die **Firma** (firm's name) kann eine Sach-, Phantasie- oder Namensfirma sein, wobei sie letzterenfalls nicht den Namen eines Gesellschafter enthalten muß. Die Firma muß „public limited company" oder als Abkürzung „plc" enthalten.[1]

Auf **Geschäftsbriefen** muß die Firma, der Sitz der Gesellschaft, der Registrierungsort sowie die -Nummer angegeben werden.[2]

2.1.2. Organe

Organe der Public Company sind die Hauptversammlung (general meeting) und der aus Direktoren bestehende Verwaltungsrat[3] (board of directors).[4] Allerdings ist dem englischen Recht der Begriff des Organs fremd,[5] es sieht den Verwaltungsrat nicht als Organ, sondern als Beauftragten der Gesellschaft an.[6]

Darüber hinaus muß die Public Company einen Sekretär (Company secretary) haben, der aber nicht Organ ist.[7]

2.1.2.1. Hauptversammlung

In jedem Geschäftsjahr muß eine Hauptversammlung (general meeting) stattfinden, wobei zwischen zwei Hauptversammlungen nicht mehr als 15 Monate liegen dürfen.[8]

Ist nichts anderes bestimmt, nimmt die Hauptversammlung den Jahresabschluß und den Geschäftsbericht des Verwaltungsrats entgegen, beschließt über jede Änderung des Gesellschaftskapitals, der Satzung und der Geschäftsordnung. Unter anderem bestellt sie den Verwaltungsrat sowie den

---

[1] Güthoff, B III 5.
[2] Triebel, RN 742 a.E.
[3] Der Verwaltungsrat wird teilweise auch als „Vorstand" bezeichnet. Da dies aber eine nicht vorhandene Ähnlichkeit mit dem Vorstand einer deutschen AG suggeriert, wird hier der Begriff „Verwaltungsrat" verwandt.
[4] Güthoff, B III 13.
[5] Triebel, RN 698.
[6] Triebel, RN 712.
[7] Güthoff, B III 13.
[8] Güthoff, B III 13 lit. a bb.

oder die Abschlußprüfer und beruft sie ab; den Verwaltungsrat kann sie mit einfacher Mehrheit jederzeit abberufen.[1]

Siehe sogleich zum - nicht bestehenden - Weisungsrecht gegenüber dem Verwaltungsrat.

2.1.2.2. Geschäftsführung

Der Verwaltungsrat (board of directors) besteht aus mindestens zwei Direktoren. Sowohl natürliche als auch juristische Personen können Direktor sein.

Die Befugnisse des Verwaltungsrats ergeben sich ausschließlich aus der Geschäftsordnung.[2] Solange der Verwaltungsrat seine durch die Geschäftsordnung gedeckten Befugnisse nicht überschreitet, braucht er sich dem Willen der Hauptversammlung nicht zu beugen. Will die Hauptversammlung ihren Willen gegenüber dem Verwaltungsrat durchsetzen, muß sie entweder die Geschäftsordnung ändern und die Kompetenzen des Verwaltungsrats beschneiden, was sie allerdings nicht mit rückwirkender Kraft tun kann, oder den Verwaltungsrat abberufen.[3]

Soweit die Geschäftsordnung nichts anderes vorsieht, besitzen die Direktoren **Gesamt-Geschäftsführungsbefugnis** und **-Vertretungsbefugnis**. Beschränkungen der Vertretungsmacht des Verwaltungsrats in der Geschäftsordnung wirken nicht gegenüber gutgläubigen Dritten.[4]

In der Regel erlaubt die Geschäftsordnung dem Verwaltungsrat, seine Befugnisse auf einzelne Verwaltungsratsmitglieder bzw. Ausschüsse zu übertragen. Ebenso wird der Verwaltungsrat ermächtigt sein, einen oder mehrere geschäftsführende, regelmäßig allein-vertretungsberechtigte Direktoren (Managing Director) zu ernennen, wobei der Verwaltungsrat weiterhin für die grundsätzliche Geschäftspolitik sowie größere Geschäfte zuständig bleibt.[5]

---

[1] Güthoff, B III 13 lit. a bb.
[2] Triebel, RN 712.
[3] Triebel, RN 712.
[4] Güthoff, B III 13 lit. b aa.
[5] Güthoff, B III 13 lit. b aa.

Kapitel 4. Großbritannien

Der Verwaltungsrat stellt den Jahresabschluß auf und stellt ihn fest. Weiterhin hat er einen dem deutschen Lagebericht entsprechenden Geschäftsbericht (directors' report) zu erstellen.[1]

Zur **Mitbestimmung** siehe unten Kapitel 5, 3.1.2.[2]

2.1.2.3. Sekretär

Etwas Vergleichbares wie den Sekretär (Company secretary) gibt es im deutschen Recht nicht.

Jede Gesellschaft muß einen Sekretär beschäftigen, der die Einhaltung der gesetzlichen Formvorschriften überwacht und Verwaltungsangelegenheit erledigt, insofern kann er Dritten gegenüber die Gesellschaft vertreten. Nur in größeren Unternehmen gehört er der Geschäftsleitung an. Er wird vom Verwaltungsrat ernannt und kann jederzeit abberufen werden.[3]

2.1.3. Vermögen und Haftung

Die Public Company hat kein Grundkapital wie eine deutsche AG, vielmehr ist das Nominalkapital (share capital, nominal capital oder authorized capital)[4] mit dem genehmigten Kapital einer deutschen AG[5] vergleichbar. Das Nominalkapital bezeichnet den Betrag, der laut Memorandum durch die Ausgabe von Anteilen (shares) aufgebracht werden darf und beträgt mindestens GBP 50'000. Davon sind mindestens 25% und das Agio bzw. Aufgeld (at a

---

[1] Güthoff, B III 14.
[2] Näher zur Mitbestimmung in England: Triebel, RN 549 - 553 sowie RN 737 - 739.
[3] Güthoff, B III 13 lit. c.
[4] Das Nominalkapital (nominal capital) besteht aus dem gezeichneten Kapital (issued capital), und dem nicht gezeichneten Kapital (unissued capital). Das gezeichnete Kapital (issued capital), das die Haftungssubstanz der Public Company ist, ist die Summe der Nennwerte aller bislang ausgegebenen Anteile (shares), wobei es nicht darauf ankommt, ob die Anteile (shares) voll bezahlt wurden. Das durch Einzahlung aufgebrachte Kapital (paid-up capital) ist der Teil des Nominalkapitals (share capital), der auf die von der Public Company ausgegebenen Anteile (shares) bisher gezahlt worden ist, wobei über den Nennwert hinausgehende Zahlungen (Überpari-Wert) nicht hierunter fallen. Der unbezahlte Rest wird „unpaid capital" oder „uncalled capital" bezeichnet. Das nicht gezeichnete Kapital (unissued capital) ist die Differenz zwischen dem Nominalkapital (share capital) und dem gezeichneten Kapital (issued capital).
[5] Siehe oben Kapitel 1, 2.2.2.3.

premium) in bar oder durch Prüfbericht-pflichtige Sacheinlagen bei Gründung zu zahlen.[1] Eine Höchstdauer zur Zahlung der noch ausstehenden Einlagen gibt es nicht[2]. Sacheinlagen müssen innerhalb von fünf Jahren voll erbracht werden; Dienstleistungen als Einlagen sind unzulässig.[3]

Die ausstehenden Einlagen werden erst bei Abwicklung der Public Company eingefordert; die Gesellschafter haften bei der Liquidation nur in Höhe der noch nicht erbrachten Einlage.[4]

Anders als im deutschen Recht besteht keine Pflicht zur Bildung gesetzlicher Rücklagen.[5]

Der Public Company ist der Rückkauf eigener Anteile grds. verboten bzw. nur unter strengen Voraussetzungen erlaubt. Beim Anteilsrückkauf darf aber nicht auf Eigen-Kapital zurückgegriffen werden.[6]

Die Public Company ist ab Eintragung in das Gesellschaftsregister juristische Person;[7] daraus folgt, daß den Gesellschaftsgläubigern grds. nur das Gesellschaftsvermögen **haftet**.[8] Jedoch kennt auch das englische Recht eine Durchgriffshaftung (lifting the veil), die insbesondere bei Ein-Personen-Gesellschaften eingreift[9] und wenn die Rechtsform der Company in der Absicht mißbraucht wird, Gläubiger zu benachteiligen (fraudulent trading).[10]

Die Public Company hat mindestens zwei **Gesellschafter**, wobei jede natürliche bzw. juristische Person Gesellschafterin sein kann, aber nicht eine Partnership.[11]

---

[1] Triebel, RN 638.
[2] Schwappach/Zwernemann, § 37 Ziff. 5 lit. a.
[3] Triebel, RN 592.
[4] Güthoff, B III 9 lit. a.
[5] Triebel, RN 647 f.
[6] Triebel, RN 643.
[7] Siehe oben 2.1.1.
[8] Güthoff, B III 8.
[9] Hierzu sogleich.
[10] Güthoff, B III 8.
[11] Güthoff, B III 1, B III 13 lit. a aa, C 6.

Wird die Public Company zur Ein-Personen-Gesellschaft und führt der Allein-Gesellschafter in Kenntnis dieses Umstandes die Public Company mindestens sechs Monate fort, so haftet er persönlich für die nach Eintritt dieses Umstandes begründeten Gesellschaftsverbindlichkeiten (Durchgriffshaftung [lifting the veil]).[1]

Bedeutung

Anders als der deutsche Gesetzgeber sieht der englische die Ein-Mann-Public Company als unerwünscht an, was in der scharfen Haftung des Allein-Gesellschafters zum Ausdruck kommt.

2.1.4. Rechnungslegung und Publizität

Der Verwaltungsrat stellt am Ende des Geschäftsjahrs den aus Bilanz (balance sheet), GuV (profit and loss account) und Anhang bestehenden Jahresabschluß auf und stellt ihn fest. Weiterhin hat der Verwaltungsrat einen dem deutschen Lagebericht entsprechenden Geschäftsbericht (directors' report) zu erstellen.[2]

Nach Aufstellung des Jahresabschlußes und der Erstellung des Geschäftsberichts werden diese von dem oder den Abschlußprüfern geprüft; die Abschlußprüfer erstellen einen Bericht (auditor's report).

Jahresabschluß, Geschäftsbericht und der Bericht der Abschlußprüfer sind der Hauptversammlung spätestens sieben Monate nach Ende des Geschäftsjahres vorzulegen und 42 Tage nach der Hauptversammlung, spätestens jedoch ebenfalls sieben Monaten nach Ende des Geschäftsjahres, zum Gesellschaftsregister einzureichen,[3] wo jedermann Einsicht nehmen kann.[4]

---

[1] Güthoff, B III 13 lit. a aa, C 7.
[2] Güthoff, B III 14.
[3] Triebel, RN 746.
[4] Triebel, RN 741 f.

Darüber hinaus ist beim Gesellschaftsregister auch ein Verzeichnis der Belastungen des Gesellschaftsvermögens einsehbar.[1] Umfassend können sich auch Gläubiger bei der Gesellschaft selbst informieren: Sie ist dazu verpflichtet, zahlreiche Unterlagen aufzubewahren und Gesellschaftsgläubigern kostenlos Einblick zu gewähren (selbst die Anstellungsverträge der Direktoren!).[2]

Bedeutung

Da sich Unternehmen in England wesentlich mehr über die Kapitalmärkte als über die Banken finanzieren, sind sie im Gegenzug zu wesentlich weitreichender Publizität verpflichtet.

2.2. Private Company Limited by Shares (Ltd.)[3]

Vergleichbar der deutschen GmbH

Die Private Company ist eine modifizierte Public Company.[4]

Deshalb werden nachfolgend nur die wesentlichen Unterschiede zwischen der Private Company und der Public Company dargestellt.

---

[1] Triebel, RN 741.
[2] Triebel, RN 742.
[3] In Wales als "cwmni cyfyngedig", abgekürzt: "cyf" bezeichnet.
[4] Siehe hierzu oben 2.

Kapitel 4. Großbritannien

2.2.1. Register und Firma

Anders als die Public Company[1] kann die Private Company bereits mit Eintragung in das **Gesellschaftsregister** (siehe hierzu näher oben 2.1.1.) und Ausstellung der Gründungsbescheinigung (certificate of incorporation) ihre Geschäfte aufnehmen; sie bedarf keiner trading certificate.[2]

Die Private Company hat zur Eintragung beim Gesellschaftsregister u.a. die das Außen-Verhältnis betreffende, zumindest schriftlich abgeschlossene,[3] Satzung (memorandum of association), ggf. die das Innen-Verhältnis betreffende Geschäftsordnung (articles of association), eine Liste, die persönliche Daten über die Direktoren und den Sekretär enthält sowie eine Gründungserklärung einzureichen.[4]

Wird keine Geschäftsordnung vorgelegt, so gilt die vom Secretary of State erlassene Muster-Geschäftsordnung. Enthält die vorgelegte Geschäftsordnung Lücken, so gilt ergänzend die Muster-Geschäftsordnung.[5]

Nach Prüfung der Unterlagen wird die Private Company in das Gesellschaftsregister eingetragen. Jeder Company wird eine Eintragungsnummer zugeteilt, die bei den in Schottland registrierten Companies mit „SC" beginnt.[6] Weiterhin wird ihr die Gründungsbescheinigung (certificate of incorporation) ausgestellt, durch die sie zur juristischen Person wird.[7]

In das Gesellschaftsregister kann jedermann Einsicht nehmen bzw. einen Auszug verlangen.[8]

Darüber hinaus ist beim Gesellschaftsregister auch ein Verzeichnis der Belastungen des Gesellschaftsvermögens einsehbar.[1] Umfassend können sich

---

[1] Siehe oben 2.1.1.
[2] Güthoff, B IV 3.
[3] Güthoff, B III 2 lit. a.
[4] Güthoff, B III 3.
[5] Triebel, RN 589.
[6] Güthoff, B III 3.
[7] Güthoff, B III 3.
[8] Triebel, RN 741 f.

auch Gläubiger bei der Gesellschaft selbst informieren: Sie ist dazu verpflichtet, zahlreiche Unterlagen aufzubewahren und Gesellschaftsgläubigern
kostenlos Einblick zu gewähren (selbst die Anstellungsverträge der Direktoren!).[2]

Grds. muß die **Firma** der Private Company den Zusatz „limited" oder abgekürzt „ltd." enthalten.[3]

Hat die Private Company keine Gewinnerzielungsabsicht, sondern verfolgt
karitative, künstlerische, religiöse oder sonstige förderungswürdige Zwecke,
kann sie mit Genehmigung des Wirtschaftsministeriums ohne den Zusatz firmieren.[4]

2.2.2. Organe

Die Private Company hat wie die Public Company zwei Organe: Gesellschafter-Versammlung (general meeting) und Verwaltungsrat (board of directors), wobei der Verwaltungsrat oftmals aus nur einem Direktor (director)
besteht.[5] Darüber hinaus hat die Private Company einen Sekretär (Company
secretary).[6]

Der Direktor muß grundsätzlich Gesellschafter (share-holder) sein, oftmals
halten die Direktoren alle oder die Mehrzahl der Anteile (shares).[7]

Der Direktor darf nicht gleichzeitig Company secretary sein.[8]

Die Befugnisse des Verwaltungsrats ergeben sich ausschließlich aus den Articles. Solange der Verwaltungsrat seine durch die Articles gedeckten Befug-

---

[1] Triebel, RN 741.
[2] Triebel, RN 742.
[3] Güthoff, B IV 4.
[4] Güthoff, B IV 4.
[5] Güthoff, B IV 9 und 10.
[6] Güthoff, B IV 11.
[7] Güthoff, B IV 10.
[8] Triebel, RN 735.

nisse nicht überschreitet, braucht er sich dem Willen der Hauptversammlung
- anders als nach deutschem GmbH-Recht - nicht zu beugen.[1]

2.2.3. Vermögen und Haftung

Zur **Haftung** siehe oben 2.1.5.

Anders als bei der deutschen GmbH wird ein Mindest-Stammkapital bzw. -
Nominalkapital nicht vorgeschrieben. Das Nominalkapital kann also ein
Pence oder 5 Mio. GBP betragen.[2]

Die Gesellschafter können ihre Einlagen in bar, in Sacheinlagen oder in Ar-
beits- bzw. Dienstleistungen erbringen.[3] Einer Gründungsprüfung bedarf es
nicht, vielmehr bestimmen die Gründer den Wert.[4]

Bedeutung

Will man sich ein Bild von der Haftungsgrundlage einer Private Company
machen, sollte man vom gezeichneten Kapital (issued capital) ausgehen, das
man der Bilanz entnehmen kann.[5]

Wie bei der deutschen GmbH, so reicht auch zur Gründung der Ltd. ein Gesellschafter aus.[6]

2.2.4. Rechnungslegung und Publizität

Wie im deutschen Recht, so werden auch hier die Private Companies in drei
Kategorien eingeteilt (Public Companies unterfallen nicht dieser Kategorisie-
rung, sondern sind wie bereits dargestellt voll rechnungslegungs- und publizitätspflichtig[7]):[8]

---

[1] Triebel, RN 712.
[2] Güthoff, B IV 5; Triebel, RN 638.
[3] Güthoff, B IV 6.
[4] Triebel, RN 636.
[5] Triebel, RN 638.
[6] Güthoff, B IV 8.
[7] Triebel, RN 749 a.E.
[8] Güthoff, C 24.

Kapitel 4. Großbritannien

Eine **kleine Private Company** liegt vor, wenn in dem betreffenden Geschäftsjahr zwei der folgenden Kriterien nicht überschritten werden:

- Bilanzsumme GBP 975'000,

- Jahres-Umsatz GBP 2 Mio. sowie

- durchschnittlich 50 Arbeitnehmer.

Um eine **mittlere Private Company** handelt es sich, wenn in dem betreffenden Geschäftsjahr zwei der folgenden Kriterien nicht überschritten werden:

- Bilanzsumme GBP 3,9 Mio.,

- Jahres-Umsatz GBP 8 Mio. sowie

- durchschnittlich 250 Arbeitnehmer.

Eine kleine oder mittelgroße Private Company, die nicht Teil eines Konzerns ist, dem auch eine Public Company angehört, kann einen verkürzten bzw. vereinfachten Jahresabschluß, d.h. einen Anhang, eine modifizierte Bilanz sowie eine GuV aufstellen.[1]

Jahresabschluß, Geschäftsbericht und der Bericht der Abschlußprüfer sind der Hauptversammlung spätestens zehn Monate nach Ende des Geschäftsjahres vorzulegen und 42 Tage nach der Hauptversammlung, spätestens jedoch ebenfalls zehn Monaten nach Ende des Geschäftsjahres zum Gesellschaftsregister einzureichen, wo jedermann Einsicht nehmen kann.[2]

Eine kleine Private Company muß den Geschäftsbericht nicht zum Gesellschaftsregister einreichen.[3]

---

[1] Güthoff, B IV 12.
[2] Triebel, RN 746, 751.
[3] Güthoff, C 26.

Kapitel 5. USA

1. Vorbemerkungen

Das US-amerikanische Gesellschaftsrecht ist nicht Bundesrecht, sondern Recht der 50 Bundesstaaten (state law); deshalb gibt es strenggenommen auch kein „US-amerikanisches Gesellschaftsrecht".[1] Ein einheitliches Rechtsverständnis zum US-amerikanischen Gesellschaftsrecht hat sich aufgrund der Modellgesetze der National Conference of Commissioners on Uniform State Laws (NCCUSL) und des Anwaltsverbandes American Bar Association (ABA) sowie der Rechtsprechung entwickelt. Aufgrund von strukturellen Gemeinsamkeiten kann daher vereinfachend eben doch vom „US-amerikanischen Gesellschaftsrecht" gesprochen werden.[2]

2. Personengesellschaften

2.1. General Partnership

Vergleichbar der deutschen GbR bzw. OHG.

Die General Partnership ist bereits 1914 durch die NCCUSL in einem Uniform Partnership Act (UPA) erfaßt worden. Dieses Gesetz galt bis etwa 1990 in allen Einzelstaaten außer Louisiana,[3] das sich aufgrund seiner Vergangenheit[4] weiterhin am französischen Recht orientiert.[1]

---

[1] Hein, RIW 2002, 501, 502 FN 5 m.w.N.

[2] So auch Hein, RIW 2002, 501, 502 FN 5.

[3] Bungert, A II.

[4] Louisiana gehörte ursprünglich Frankreich. 1762/63 mußte ein Teil an Großbritannien, ein anderer an Spanien abgetreten werden. Großbritannien verlor seinen Anteil 1783 an die USA, den spanischen Teil erwarb Frankreich 1800 zurück, verkaufte ihn aber 1803 ebenfalls an die USA.

Kapitel 5. USA

1994 wurde der Revised Uniform Partnership Act (RUPA) von der National
Conference of Commissioners on Uniform State Laws (NCCUSL) verab-
schiedet. Es ist zu erwarten, daß die einzelnen Bundesstaaten diese Modifi-
kation sukzessiv in ihre jeweilige Gesetzgebung einarbeiten werden, wobei
kleinere Abweichungen üblich sind.[2]

Die General Partnership , die im Handelsverkehr nicht selten anzutreffen ist,[3]
unterscheidet sich von der GbR dadurch, daß sie auf Gewinnerzielung ausgerichtet sein muß, von der OHG dadurch, daß sie kein Handelsgewerbe betreiben muß.[4]

2.1.1. Register und Firma

Die Gründung ist grundsätzlich formlos; die General Partnership wird in kein
Register eingetragen.[5] In den USA existiert kein Handels- bzw. Gesell-
schaftsregister in der Form wie insbesondere in Deutschland bzw. anderen
Ländern Europas.[6] Nach dem RUPA kann sich eine Partnership aber beim
Innen-Ministerium (Secretary of State) des jeweiligen Bundesstaates regi-
strieren lassen.[7]

---

[1] Nagel, XIV 3 lit. c), S. 328.
[2] Bungert, A II.
[3] Elsing/Van Alstine, RN 555.
[4] Bungert, B I 1.
[5] Bungert, B I 2.
[6] Hay, 6. Kapitel, A II 1 lit a.
[7] Elsing/Van Alstine, RN 560 FN 13.

Bedeutung

Die General Partnership kann hinsichtlich der Registrierung mit der deutschen GbR verglichen werden, da die GbR, anders als die OHG, ebensowenig registrierungspflichtig ist. Es ist also bei der General Partnership ebenso schwer wie bei der GbR, sich über die Gesellschaft bzw. die Gesellschafter zu informieren.

Zwar enthalten weder UPA noch RUPA Regelungen über die **Firma**, aber in den meisten Bundesstaaten bestehen firmenrechtliche Vorschriften. In manchen Bundesstaaten dürfen in der Firma keine Personen geführt werden, die nicht tatsächlich Gesellschafter sind.[1]

2.1.2. Geschäftsführung und Vertretung

Die Gesellschafter haben grundsätzlich **Gesamt-Geschäftsführungs-befugnis**.[2]

Zwar besitzt jeder Gesellschafter **Einzel-Vertretungsbefugnis**, seine Handlung muß aber offensichtlich zum Betrieb des gewöhnlichen Geschäftsverkehrs vorgenommen werden. Die General Partnership wird durch die Handlung eines ihrer Gesellschafter nicht berechtigt und verpflichtet, wenn dieser Gesellschafter keine Vertretungsmacht hatte und der Dritte dies wußte.[3]

Nach dem RUPA kann die General Partnership für Grundstücksgeschäfte die Vertretungsmacht ihrer Gesellschafter mit Wirkung gegen Dritte dadurch beschränken, daß sie bei der für Grundstücksübertragungen zuständigen Stelle (vergleichbar dem deutschen Grundbuchamt) eine entsprechende Erklärung einreicht.[4]

---

[1] Bungert, B I 3.
[2] Elsing/Van Alstine, Wirtschaftsrecht USA, RN 565.
[3] Bungert, B I 8 lit. a.
[4] Bungert, B I 8 lit. a.

2.1.3. Vermögen und Haftung

Ein Mindest-Kapital oder eine Mindest-Einlage ist nicht erforderlich, da die Gesellschafter mit ihrem Privatvermögen für die Gesellschaftsverbindlichkeiten haften;[1] in die General Partnership können Geld, Sach- und Dienstleistungen als Einlage eingebracht werden.[2]

Nach dem UPA müssen sich Gesellschaftsgläubiger wegen ihrer vertraglichen Ansprüche zunächst an die General Partnership wenden. Die Gesellschafter haften nur gemeinsam (joint-Haftung), d.h. jeder Gesellschafter haftet für die gesamte Summe nur, wenn er mit den übrigen Gesellschaftern im Rechtsstreit unterlegen ist.[3]

Zwar haften die Gesellschafter für Gesellschaftsverbindlichkeiten nach dem RUPA gesamtschuldnerisch (jointly and severally), jedoch setzt ihre persönliche Haftung voraus, daß eine Vollstreckung gegen die General Partnership mangels Masse nicht mehr möglich ist und daß dieser Gesellschafter in einem gesonderten Urteil zur Leistung verurteilt wurde.[4]

Bedeutung

Gläubiger der General Partnership stehen insofern schlechter als Gläubiger der OHG bzw. GbR, da gegen die Gesellschafter nicht wie bei der OHG bzw. GbR primär und unmittelbar vorgegangen, insbesondere vollstreckt werden kann.

Nimmt ein Gesellschafter seine Einlage zurück, wozu er die Zustimmung aller übrigen Gesellschafter benötigt, so haftet er Gesellschaftsgläubigern gegenüber unverändert weiter.[1]

Gesellschafter können sowohl natürliche Personen als auch Partnerships, Kapitalgesellschaften (Corporations) und andere Vereinigungen sein.[2]

---

[1] Bungert, B I 2, E 8; Nagel, XIV 3 lit. c, S. 328.
[2] Bungert, B I 5.
[3] Bungert, B I 10.
[4] Bungert, B I 10.

2.1.4. Gesellschafter-Wechsel

Sowohl nach dem UPA als auch nach dem RUPA kann zwar der Anteil an Gewinn und Verlust bzw. der Gewinnausschüttungsanspruch übertragen werden, aber weder ist ein Gesellschafter-Wechsel durch Übertragung des gesamten Gesellschaftsanteils möglich noch kann das Recht auf Geschäftsführung übertragen werden.[3]

Der **eintretende Gesellschafter** haftet grundsätzlich nur für die nach seinem Eintritt entstandenen Gesellschaftsverbindlichkeiten.[4]

Der **ausscheidende Gesellschafter** haftet für die bis zu seinem Ausscheiden begründeten Gesellschaftsverbindlichkeiten. Darüber hinaus haftet er auch nach seinem Ausscheiden den Gesellschaftsgläubigern, die der General Partnership nach seinem Ausscheiden Kredit gewährten und von seinem Ausscheiden nichts wußten.[5]

Bedeutung

Anders als der in eine GbR oder OHG eintretende Gesellschafter, der auch für vor seinem Eintritt enstandene Verbindlichkeiten haftet, haftet der in eine General Partnership eintretende Gesellschafter nur für nach seinem Eintritt entstandenen Verbindlichkeiten. Der Gesellschaftsgläubiger wird also nach deutschem Recht besser gestellt als nach US-amerikanischem, weil ihm mehr Gesellschafter für die Verbindlichkeiten der Gesellschaft haften.

---

[1] Bungert, B I 5.
[2] Bungert, B I 2, E 6.
[3] Bungert, B I 11, E 13.
[4] Bungert, B I 10.
[5] Bungert, B I 10.

2.1.5. Rechnungslegung und Publizität

Eine Pflicht zur Erstellung eines Jahresabschlusses besteht weder nach UPA noch nach RUPA.[1] Folglich besteht auch keine Pflicht zur Publizität.

2.2. Verwandte Gesellschaftsformen

Der Vollständigkeit halber sei noch kurz auf die (Registered) Limited Liability Partnership (LLP), eine Variante der General Partnership und das (Unincorporated) Joint Venture, eine der General Partnership ähnliche Form, hingewiesen.

2.2.1. (Registered) Limited Liability Partnership (LLP)

Die (Registered) Limited Liability Partnership (LLP)[2] wird vor allem von Freiberuflern gewählt und kann mit der deutschen Partnerschaft[3] verglichen werden. Aus diesem Grunde wird hier nicht näher auf sie eingegangen.[4] Die (Registered) Limited Liability Partnership ist, wie die Bezeichnung schon andeutet, wie die Limited Liability Company (LLC) (siehe unten 2.4.) registrierungspflichtig und muß in ihrer Firma "limited" oder "LLP" führen. Ihre Haftung ist teilweise, insbesondere bei auf Vertrag beruhenden Verbindlichkeiten, auf das Gesellschaftsvermögen begrenzt, die Gesellschafter (partner) haften daneben nicht.

---

[1] Bungert, B I 9.

[2] Nicht zu verwechseln mit der der deutschen KG vergleichbaren Limited Partnership (hierzu sogleich).

[3] Siehe oben Kapitel 1, 1.2.

[4] Näher zur (Registered) Limited Liability Partnership: Bungert, B III 2 m.w.N.; Elsing/Van Alstine, RN 685 f.; Nagel, XIV 3 lit. c), S. 328 sowie Hay, 6. Kapitel, A II 3 lit. b) m.w.N.

Kapitel 5. USA

2.2.2. (Unincorporated) Joint Venture

Bei der Joint Venture[1] handelt es sich um eine der General Partnership ähnliche Personengesellschaft, die aber nicht auf Dauer angelegt ist bzw. eingegangen wird, sondern zur Verwirklichung eines Einzelerfolges, z.B. der Finanzierung einer Erdöl-Probebohrung.[2] Insofern kann das Joint Venture mit der ARGE[3] in der Form der deutschen GbR verglichen werden. Aufgrund der vorgenannten Ähnlichkeit des Joint Venture zur General Partnership wird das Recht der General Partnership angewandt.[4]

Diese Form des Joint Ventures darf nicht mit der Joint Venture Company oder dem Incorporated Joint Venture verwechselt werden, bei dem es sich um eine Kapitalgesellschaft handelt, die oftmals zwei oder mehr Gesellschafter und meist die Form einer Close Corporation (siehe unten 3.3.) hat.[5]

2.3. Limited Partnership
Vergleichbar der deutschen KG.

Grundlage der Gesetzgebung in den einzelnen Bundesstaaten ist der Uniform Limited Parternship Act (ULPA) von 1916 und der Revised Uniform Limited Parternship Act (RULPA) von 1976, geändert 1985. Die meisten Gesetze der Einzelstaaten, wiederum ausgenommen Louisiana, basieren bereits auf dem RULPA.[6]

---

[1] Andere Bezeichnungen: joint adventure, coadventure, syndicate, group, pool, joint enterprise, joint undertaking, joint speculation (Merkt, RN 116 FN 72 m.w.N.).

[2] Bungert, B III 1, m.w.N. aus der deutsch-sprachigen Literatur. Aus diesem Grunde wird das Joint Venture auch als „temporary Partnership" bezeichnet (Merkt, RN 116 FN 74 m.w.N.).

[3] Siehe oben Kapitel 1, 2.2.1.

[4] Merkt, RN 116.

[5] Bungert, B III 1, m.w.N. aus der deutsch-sprachigen Literatur; Elsing/Van Alstine, RN 559.

[6] Nagel, XIV 3 lit. c), S. 328.

Kapitel 5. USA

Wie die deutsche KG auf der OHG aufbaut, so baut auch die Limited Partnership auf der General Partnership auf.[1]

2.3.1. Register und Firma

Der Gesellschaftsvertrag der Limited Partnership muß schriftlich geschlossen werden. Weiterhin muß ein besonderes Formular (certificate of limited partnership, sworn certificate oder certificato) [2] bei einem örtlichen, öffentlichen, zumeist vom Innen-Ministerium (Secretary of State) des jeweiligen Bundesstaates geführten **Register** eingereicht werden.[3] Dieses Formular muß u.a. die Namen aller Gesellschafter, die Firma und die Einlage der Kommanditisten (limited partner) enthalten[4]

Nach dem ULPA ist keine Gesellschaftsbezeichnung erforderlich.

Der RULPA hingegen schreibt vor, daß die **Firma** die Bezeichnung „Limited Partnership" unabgekürzt enthalten muß und nicht den Nachnamen eines Kommanditisten enthalten darf, sofern er nicht mit dem Nachnamen eines Komplementärs identisch ist.[5]

2.3.2. Geschäftsführung und Vertretung

Die Komplementäre haben grundsätzlich **Gesamt-Geschäftsführungs-befugnis**.[6]

Zwar besitzt jeder Komplementär **Einzel-Vertretungsbefugnis**, seine Handlung muß aber offensichtlich zum Betrieb des gewöhnlichen Geschäftsverkehrs vorgenommen werden. Die Limited Partnership wird durch die Handlung eines ihrer Komplementäre nicht berechtigt und verpflichtet, wenn

---

[1] Bungert, B II 1.
[2] Elsing/Van Alstine, RN 569; Bungert, B II 2.
[3] Elsing/Van Alstine, RN 569; Bungert, B II 2.
[4] Bungert, B II 2.
[5] Bungert, B II 3.
[6] Elsing/Van Alstine, RN 565.

dieser Komplementär keine Vertretungsmacht hatte und der Dritte dies wuß-te.[1]

Nach dem RULPA kann die Limited Partnership für Grundstücksgeschäfte die Vertretungsmacht ihrer Komplementäre mit Wirkung gegen Dritte dadurch beschränken, daß sie bei der für Grundstücksübertragungen zuständigen Stelle (vergleichbar dem deutschen Grundbuchamt) eine entsprechende Er-klärung einreicht.[2]

Der Kommanditist ist von der Geschäftsführung ausgeschlossen, ihm stehen nur Informations- und Inspektionsrechte zu. Dem Kommanditisten darf auch nicht Generalvollmacht erteilt werden.[3] Nimmt er trotzdem an der Ge-schäftsführung teil, so haftet er nach dem ULPA wie ein Komplementär, der RULPA setzt für diese Haftung darüber hinaus voraus, daß der Dritte von der Geschäftsführung des Kommanditisten wußte.[4]

2.3.3. Vermögen und Haftung

Ein Mindest-Kapital oder eine Mindest-Einlage ist nicht erforderlich, da die Komplementäre mit ihrem Privatvermögen für die Gesellschaftsverbindlich-keiten haften;[5] die Komplementäre können Geld, Sach- und Dienstleistungen als Einlage in die Limited Partnership einbringen.[6]

Nach dem ULPA müssen sich Gesellschaftsgläubiger wegen ihrer vertragli-chen Ansprüche zunächst an die Limited Partnership wenden. Die Komple-mentäre haften nur gemeinsam (joint-Haftung), d.h. jeder Komplementär haftet für die gesamte Summe nur, wenn er mit den übrigen Komplementären im Rechtsstreit unterlegen ist.[7]

---

[1] Bungert, B I 8 lit. a.
[2] Bungert, B I 8 lit. a.
[3] Elsing/Van Alstine, RN 570.
[4] Bungert, B II 5.
[5] Bungert, B I 2, E 8; Nagel, XIV 3 lit. c, S. 328.
[6] Bungert, B I 5.
[7] Bungert, B I 10.

Kapitel 5. USA

Zwar haften die Komplementäre für Gesellschaftsverbindlichkeiten nach dem RULPA gesamtschuldnerisch (jointly and severally), jedoch setzt ihre persönliche Haftung voraus, daß eine Vollstreckung gegen die Limited Partnership mangels Masse nicht mehr möglich ist und daß dieser Komplementär in einem gesonderten Urteil zur Leistung verurteilt wurde.[1]

Nach dem ULPA kann die Einlage des Kommanditisten nur in der Einbringung von Geld oder Sachwerten, nicht aber in Dienstleistungen bestehen. Nach dem RULPA kann der Kommanditist allerdings darüber hinaus sowohl Dienstleistungen als auch promissory notes (Wertpapier über ein Schuldversprechen) als Einlage einbringen.[2]

Der Kommanditist darf seine Einlage nicht ganz oder teilweise wieder entnehmen, anderenfalls haftet er wie der Kommanditist einer deutschen KG in Höhe der entnommenen Einlage für die Gesellschaftsverbindlichkeiten persönlich.[3]

In den meisten Bundesstaaten kann auch eine Kapitalgesellschaft (Corporation) **Komplementärin** (general partner) einer Limited Partnership sein, so daß eine GmbH & Co. KG möglich ist.[4]

2.3.4. Gesellschafter-Wechsel

Zum **Wechsel eines Komplementärs** siehe oben 2.1.4.

Einer vollständigen Übertragung des Kommandit-Anteils müssen die übrigen Gesellschafter zustimmen.[5]

Zu **Rechnungslegung und Publizität** siehe oben 2.1.5.

---

[1] Bungert, B I 10.
[2] Bungert, B II 4.
[3] Bungert, B II 4.
[4] Bungert, B II 1 m.w.N.
[5] Nagel, XIV 3 lit. c), S. 328

2.4. Limited Liability Company (LLC)[1]

Die LLC kann am ehesten mit der - nicht anerkannten bzw. nicht existieren-
den - deutschen GbR mbH oder KG ohne Komplementär verglichen werden.
Obwohl die Bezeichnung „Company" die Klassifizierung als Kapitalgesellschaft nahelegt, steht die LLC den Partnerships näher.[2]

Bei der LLC handelt es sich um eine seit ca. 1988 existierende und besondere Konstruktion des US-amerikanischen Rechts,[3] die aber bereits auch auf
der Isle of Man eingeführt wurde.[4] Sie ist eine Mischform aus einer Limited
Partnership (KG) und (Close) Corporation (GmbH) und verbindet ähnlich wie
die deutsche GmbH & Co. KG die jeweiligen Vorzüge dieser Typen, nämlich
den vollständigen Haftungsschutz ihrer Gesellschafter mit der steuerlichen
Einordnung einer Partnership.[5]

2.4.1. Register und Firma

Der Gesellschaftsvertrag (articles of organization bzw. certificate of forma-
tion[6]) ist beim Innen-Ministerium des jeweiligen Bundesstaates (Secretary of
State) einzureichen, wo er von jedermann eingesehen werden kann und Ab-

---

[1] Es ist zu beachten, daß die deutsche GmbH in den USA oftmals unzutreffenderweise mit
„Limited Liability Company" übersetzt wird (Bungert, D 2 a.E.).

[2] Bungert, E 2.

[3] Bungert, D 1. Siehe auch dort ausführlich zur Geschichte der LLC und ihren Einfluß auf
die Entwicklung in Europa. Nagel, XIV 3 lit. c), S. 327, dort auch kurz zur Geschichte der
LLC.

[4] Bungert D 1 m.w.N.

[5] Hay, 6. Kapitel, A IV; Bungert, D 1 m.w.N.
Zwar kann auch eine kleine Corporation nach Wahl als Personengesellschaft besteuert
werden (sog. „S corporation"), allerdings können Ausländer ohne ständigen Aufenthalt in
den USA nicht Gesellschafter einer S corporation, aber einer LLC sein. Seit dem
01.01.1997 können die hier dargestellten Gesellschaften, die nicht corporations sind, zwischen der Besteuerung als Partnership und der als corporation wählen („Check-the-Box-
Rules" der Bundessteuerbehörde Internal Revenue Service IRS).

[6] Bezeichnung in Delaware (Bungert, D 3).

schriften verlangt werden können.[1] Die LLC erlangt ihre Rechtsfähigkeit, wenn ihr Gesellschaftsvertrag beim Secretary of State eingereicht wird.[2]

In einem nicht-öffentlichen operating agreement (entspricht den bylaws einer corporation) werden u.a. die interne Organisation, die Geschäftsführungs- und Vertretungsbefugnis sowie die Gewinn- und Verlustbeteiligung geregelt.

Die **Firma** der LLC darf den Namen eines Gesellschafters oder Geschäfts- führers (manager) und muß die Bezeichung „Limited Liability Company" bzw. „LLC" enthalten.[3]

2.4.2. Geschäftsführung und Vertretung

Anders als die Kommanditisten bei der Limited Partnership sind alle Gesell- schafter der LLC berechtigt, an der Geschäftsführung teilzunehmen.[4] Grundsätzlich führen die Gesellschafter im Wege der **Gesamt- Geschäftsführung** die Geschäfte der LLC (member-managed LLC[5]) und besitzen **Einzel-Vertretungsmacht** (solange der jeweilige Gesellschafter mit apparent authority handelt).[6]

Die Gesellschafter können aber im das Außen-Verhältnis regelnden Gesell- schaftsvertrag (articles of organization) auch vereinbaren, daß die Geschäfte durch externe Geschäftsführer (manager) geführt werden (Fremd-Organ- schaft).[7] Auch den Geschäftsführern steht grundsätzlich Einzel- Vertretungsmacht zu. Die Gesellschafter können sich aber im Gesellschafts- vertrag (articles of organization) bzw. im das Innen-Verhältnis regelnden ope- rating agreement Vertretungsrechte vorbehalten.[8]

---

[1] Bungert, D 3, E 3.
[2] Bungert, E 5.
[3] Bungert, E 9.
[4] Bungert, E 2.
[5] Bungert, E 15.
[6] Bungert, E 2, E 16.
[7] Bungert, E 15.
[8] Bungert, E 17.

Kapitel 5. USA

Die Vertretungsbefugnis wird immer durch den Gesellschaftszweck (purpose) begrenzt. Die LLC wird nicht verpflichtet, falls dem Dritten das Überschreiten der Vertretungsmacht bekannt bzw. offensichtlich war.[1]

Bedeutung

Die Gesellschafter bzw. Geschäftsführer der LLC besitzen grundsätzlich Einzel-Vertretungsmacht, während die Geschäftsführer der Komplementär-GmbH einer GmbH & Co. KG grundsätzlich Gesamt-Vertretungsmacht besitzen. In beiden Fällen empfiehlt es sich, sich durch Einsichtnahme in den bei der Registrierungsbehörde eingereichten Gesellschaftsvertrag (articles of organization) bzw. in das Handelsregister Einsicht nehmen zu informieren.

2.4.3. Vermögen und Haftung

Ein Mindest-Kapital oder eine Mindest-Einlage ist nicht vorgeschrieben.[2] In die LLC können in den allermeisten Bundesstaaten Geld, Sach- und Dienstleistungen sowie promissory notes (Wertpapier über ein Schuldversprechen) als Einlage eingebracht werden.[3]

Die **Haftung** der Gesellschafter gegenüber Dritten ist auf ihre Einlage begrenzt,[4] den Gesellschaftsgläubigern haftet wie bei einer Kapitalgesellschaft nur das LLC-Vermögen.[5] Die LLC erlangt ihre Rechtsfähigkeit, wenn ihr Gesellschaftsvertrag beim Innen-Ministerium des jeweiligen Bundesstaates (Secretary of State) eingereicht wird.[6]

Der Gesellschafter haftet der LLC auf Erbringung seiner Einlage, wobei diese Verpflichtung durch einstimmigen Gesellschafter-Beschluß erlassen werden kann. Hat aber ein Dritter der LLC im Vertrauen auf eine noch nicht erbrachte

---

[1] Bungert, E 17.
[2] Bungert, E 8.
[3] Bungert, E 12.
[4] Nagel, XIV 3 lit. c), S. 327 f.
[5] Bungert, E 14.
[6] Bungert, E 5.

Gesellschafter-Einlage einen Kredit gewährt und wird dem Gesellschafter danach wie beschrieben die Einlage-Verpflichtung erlassen, so kann der Gläubiger auf Leistung der Einlage klagen.[1]

Es ist anzunehmen, daß die Rechtsprechung die vor allem für die Kapitalgesellschaft (Corporation) entwickelten Grundsätze über die Durchgriffshaftung (siehe unten 3.1.3.) auch auf die LLC anwenden wird; teilweise ist diese Durchgriffshaftung bereits durch Verweis in den LLC-Gesetze der einzelnen Bundesstaaten anwendbar.[2]

In einigen Bundesstaaten bedarf es, auch zur Gründung, nur eines **Gesellschafters**, in den meisten sind aber zwei erforderlich.[3] Gesellschafter können u.a. natürliche Personen, Personengesellschaften (Partnerships), Kapitalgesellschaften (corporations) sowie andere LLC's sein.[4]

Bedeutung

Anders als bei der GmbH & Co. KG verfügt die LLC über kein Mindest-Kapital. Um insbesondere unseriöse LLC-Gründungen bzw. Geschäftsprakti-ken zu verhindern bzw. einzuschränken, wird der im Kapitalgesellschaftsrecht entwickelte Haftungsdurchgriff auf die Gesellschafter angewandt.

---

[1] Bungert, D 10 lit. a.
[2] Bungert, D 10 lit. b, E 14.
[3] Bungert, E 2.
[4] Bungert, E 6.

3. Kapitalgesellschaften

3.1. Allgemein

> *Die nachfolgenden allgemeinen Ausführungen gelten sowohl für die der deutschen AG vergleichbaren Public Corporation als auch für die der deutschen GmbH vergleichbaren Close Corporation.*

Grundform des US-amerikanischen Gesellschaftsrechts ist die Business Corporation, die als der deutschen AG vergleichbaren Public Corporation (auch: Publicly Held Corporation) und als der deutschen GmbH vergleichbaren Close Corporation (auch: Closely Held Corporation) vorkommt. Die Gesetze der meisten Bundesstaaten gehen von der Public Corporation als Normalfall aus.[1]

Wie bereits eingangs erwähnt, ist das US-amerikanische Gesellschaftsrecht das Recht der einzelnen Bundesstaaten.[2] Zwischen den einzelnen Bundesstaaten gab es hinsichtlich der Anforderungen an Gesellschaftsgründungen einen sog. "raise to the bottom", einen Wettbewerb um die niedrigsten Gründungsvoraussetzungen.[3]

Hintergrund dieses "raise to the bottom" ist, daß jeder einzelne Bundesstaat möglichst viele Gesellschaftsgründungen anziehen wollte, da eine Gesellschaftsgründung ein gewisses direktes Staatseinkommen aufgrund der Steuern und der Registrierungsgebühren garantiert, aber auch ein indirektes Einkommen durch Folgeinvestitionen und Sekundäreffekte. Dabei ist zu berücksichtigen, daß die meisten Gesellschaften nur ihren satzungsmäßigen Sitz in einem bestimmten Bundesstaat haben, ihren tatsächlichen Verwaltungssitz aber in einem anderen.[4]

Man kann heute sagen, daß der Bundesstaat Delaware diesen "raise to the bottom" gewonnen er, er also Gesellschaftsgründungen aufgrund der nied-

---

[1] Bungert, E 2.
[2] Siehe oben unter 1.
[3] Bungert, A II.
[4] Bungert, A II.

rigsten Gründungsvoraussetzungen am einfachsten und leichtesten gemacht hat und dadurch die meisten Gesellschaftsgründungen zu verzeichnen hat.[1]

3.1.1. Register

Eine Corporation kann in jedem beliebigen Bundesstaat gegründet werden (corporate domicile), es kommt dabei nicht darauf an, wo sie ihre Hauptniederlassung haben soll; in dem Gründungsstaat muß sie nicht einmal Geschäfte betreiben. Sie muß lediglich in dem Gründungsstaat einen Zustellungsbevollmächtigten bzw. -vertreter (registered agent) bestellen.[2]

Die Kapitalgesellschaften werden zur juristischen Person, nachdem sie ihre Satzung (articles of incorporation) beim Secretary of State[3] eingereicht bzw. von diesem die Gründungsbescheinigung (certificate of incorporation) erhalten haben.[4] Eine auch nur teilweise Kapitalaufbringung ist hierzu allerdings nicht erforderlich.[5]

In anderen Bundesstaaten als dem Gründungsstaat gilt die Corporation als „fremde Gesellschaft" (foreign corporation). Um außerhalb des Gründungsstaates die Geschäfte aufnehmen zu können, muß sie die Berechtigung hierzu durch Registrierung beim Innen-Ministerium (Secretary of State) des betreffenden Bundesstaates erwerben (qualification to do business). Die Gesellschaft hat hierzu eine Gründungsurkunde einzureichen und einen Zustellungsbevollmächtigten, bei dem es sich auch um das Innen-Ministerium des betreffenden Bundesstaates handeln kann, zu benennen.[6]

---

[1] Nagel, XIV 3 lit. c), S. 326
[2] Elsing/Van Alstine, RN 577 f.
[3] In manchen Bundesstaaten sind auch andere Behörden zuständig (Bungert, C I 2 lit. a).
[4] Bungert, E 10.
[5] Bungert, E 5.
[6] Elsing/Van Alstine, RN 579.

3.1.2. Organe

Anders als dem deutschen Recht ist dem anglo-amerikanischen Recht die **Mitbestimmung** fremd[1] bzw. wird gar abgelehnt.[2] Diese völlig unterschiedliche Grundhaltung liefert eine plausible Erklärung dafür, daß sich die deutschen Tochter-Gesellschaften englischer oder US-amerikanischer Konzern-Mütter oft vor die Gerichte ziehen lassen, um dann die (für sie meist negative) Gerichtsentscheidung als Begründung für ihr Verhalten gegenüber den Mitbestimmungsträgern gegenüber der Mutter-Gesellschaft vorweisen zu können.[3]

3.1.3. Vermögen und Haftung

Ein gesetzlich vorgeschriebenes Mindest-Grund- bzw. -Stammkapital sowie eine gesetzliche Rücklage gibt es nicht.[4] Die Gesellschafter können ihre Einlagen in Form von Geld-, Sach- oder Dienstleistungen erbringen, oftmals aber nicht in Form von promissory notes (Wertpapier über ein Schuldversprechen). Die Einlagen werden nach dem true value-System oder nach der good faith rule bewertet. Bei der good faith rule erklärt der Verwaltungsrat (board of directors) schriftlich, daß die erbrachte Einlage nach seinem guten Glauben ihrem Nennwert entspricht. Eine Bewertungsgrundlage für die Sacheinlage bzw. deren Dokumentation, etwa durch einen Sachgründungsbericht, ist ebensowenig vorgeschrieben wie eine Überprüfung durch Wirtschaftsprüfer.[5]

Für die Verbindlichkeiten einer Kapitalgesellschaft, die eine juristische Person ist, **haftet** ausschließlich das Gesellschaftsvermögen, die Gesellschafter haften nicht.[6] Die Gesellschafter haften gegenüber der Gesellschaft für die etwaige Differenz zwischen der übernommenen und der tatsächlich er-

---

[1] Triebel, RN 737 ff.
[2] Nagel, XIV 1.
[3] Nagel, wie vor.
[4] Bungert, E 8.
[5] Bungert, C I 7, E 12.
[6] Bungert, E 2, E 14.

brachten Einlage; auf diese Weise soll die Werthaltigkeit der Gründung gesichert werden.[1]

Außerdem ist in Ausnahmefällen eine **Durchgriffshaftung** auf die Gesellschafter („piercing the corporate veil") möglich, vor allem, wenn die Haftungsbeschränkung auf das Gesellschaftsvermögen (limited liability) dazu verwandt wird, einer bestehenden Verpflichtung auszuweichen, ein Gesetz zu umgehen, ganz allgemein ungerecht zu handeln oder sich einen unfairen Vorteil zu verschaffen.[2]

Allerdings kommt bei vertraglichen Verpflichtungen eine Durchgriffshaftung weniger in Betracht, da hier der Vertragspartner der Corporation die mit dieser verbundenen beschränkte Haftung auf deren Vermögen bewußt in Kauf genommen hat. Eine Durchgriffshaftung greift aber ein, wenn der Vertragspartner über die Vermögensverhältnisse getäuscht bzw. Anteilseigner- und Gesellschaftsvermögen irreführend vermischt wurden. Allein eine (nicht offengelegte) ungenügende Kapitalisierung bzw. Unterkapitalisierung reicht für die Durchgriffshaftung nicht aus. Die US-Gerichte lassen in der Regel eine Durchgriffshaftung erst dann zu, wenn mehrere der o.g. Faktoren zusammenkommen.[3] Darüber hinaus kommen Durchgriffshaftungen besonders häufig bei Ein-Mann-Gesellschaften vor.[4]

Die Kapitalgesellschaft kann einen oder mehrere **Gesellschafter** haben, bei denen es sich sowohl um natürliche als auch juristische Personen sowie Personengesellschaften handeln kann.[5]

---

[1] Bungert, C I 7, E 14.
[2] Bungert, C I 12, E 14.
[3] Bungert, C I 12.
[4] Bungert, C I 18, C II 8.
[5] Bungert, E 6.

Bedeutung

Nachdem es zwischen den einzelnen Bundesstaaten ein regelrechtes Wett-
rennen um die niedrigsten Gründungsstandards („raise to the bottom") gab,
gibt es praktisch keinerlei Vorschriften hinsichtlich der Gründung und Kapitalaufbringung. Rechtlich bedeutet dies einen erheblichen Unterschied zum
kontinental-europäischen Recht, faktisch erhält ein Gesellschaftsgläubiger im
Falle der Insolvenz in Europa aber auch nicht mehr als in den USA.

Die US-amerikanischen Regeln über die Durchgriffshaftung sind den deutschen Regeln grundsätzlich durchaus nicht unähnlich.

3.1.4. Rechnungslegung und Publizität

In nur wenigen Bundesstaaten sind die Gesellschaften gesetzlich zur Erstellung eines Jahresabschlusses verpflichtet.[1] Da jedoch (ausschließlich) die
Verwaltungsräte nur durch eine geprüfte bzw. ordnungsgemäße Rechnungslegung entlastet werden, wird in aller Regel ein JahresAbschluß aufge-
stellt.[2]

Der Jahresabschluß besteht aus der Bilanz (balance sheet), der GuV (in-
come statement), statement of cash flows, statements of changes in stock-
holders' equity und notes to financial statements. Einzelheiten werden vom
Berufsstand der Wirtschaftsprüfer verbindlich festgelegt, wobei die US-GAAP
(Generally Accepted Accounting Principles) von großer Bedeutung sind.[3]

Da die von den wenigen Bundesstaaten bzw. der Satzung vorgeschriebene
Rechnungslegung dem Schutz der Anteilseigner dient und nicht aus Publizi-

---

[1] Anders bei börsen-notierten Gesellschaften.
[2] Bungert, C I 13, E 23, E 25.
[3] Bungert, E 24.

tätsgründen erfolgt, ist die Offenlegung des Jahresabschlusses nicht gesetzlich vorgeschrieben[1].[2]

Bedeutung

Anders als in Europa kann man sich in den USA nicht beim Register über die
- aktuelle - wirtschaftliche Lage einer Kapitalgesellschaft informieren.

3.2. Public Corporation

Vergleichbar der deutschen AG.

Die meisten Gesellschaften werden nach dem Recht des Bundesstaates
Delaware gegründet, weil Delaware das attraktivste Gesellschaftsrecht mit
den geringsten Anforderungen in Haftungsfragen und mit den weitestgehen-
den Gestaltungsmöglichkeiten bereithält. Eine Vereinheitlichung des Rechts
wurde vor allem durch den Model Business Corporation Act (MBCA) geför-
dert, den die Anwaltsvereinigung American Bar Association ABA 1946 vor-
legte und 1984 durch den Revised Model Business Corporation Act (RMBCA)
modifizierte.[3]

3.2.1. Register und Firma

Zum **Register** siehe zunächst oben 3.1.1.

Die beim Innen-Ministerium des jeweiligen Bundesstaates (Secretary of State) einzureichende Satzung (articles of incorporation) muß u.a. die Zahl der
zur Begebung autorisierten Anteile (shares) enthalten. Darüber hinaus deren
Nennwert bzw. den Hinweis, daß es sich um nennwertlose Anteile (no par
value shares) handelt.[4]

---

[1] Anders bei börsen-notierten Unternehmen.
[2] Bungert, E 26.
[3] Nagel, XIV 3 lit. c), S. 326
[4] Bungert, C I 2 lit. b.

Die **Firma** muß einen ausgeschriebenen oder abgekürzten Hinweis auf die auf das Gesellschaftsvermögen beschränkte Haftung enthalten. Zumeist wird „incorporated" bzw. die Abkürzung „Inc." verwandt.[1] Aber auch „corporation" bzw. „Corp.", „company" bzw. „Co." sowie "limited" bzw. "Ltd." sind üblich.[2]

3.2.2. Organe

Zur **Mitbestimmung** siehe oben 3.1.2.

Die Public Corporation hat drei Organe: die Hauptversammlung (shareholder meeting)[3] der Verwaltungsrat (board of directors) und die Leitenden Angestellten (officers).[4]

3.2.2.1. Hauptversammlung

Die Hauptversammlung ist zwingend einmal jährlich abzuhalten (annual shareholders' meeting).[5] Die Aktionäre[6] wählen dabei den Verwaltungsrat, sie können die Verwaltungsrat-Mitglieder allerdings jederzeit ohne besonderen Grund abberufen.[7] Nicht die Aktionäre entscheiden über die Ausschüttung einer Dividende, sondern der Verwaltungsrat aufgrund geschäftspolitischer Erwägungen.[8]

3.2.2.2. Geschäftsführung

Das von der Hauptversammlung gewählte und nicht weisungsgebundene Kollegialorgan des Verwaltungsrats (board of directors) mit **Gesamt-Ge-**

---

[1] Bungert, E 9.

[2] Bungert, C I 3.

[3] Korrekt müßte shareholder meeting mit „Anteilseigner-Versammlung" übersetzt werden. Wegen der Einheitlichkeit der Terminologie wird die Anteilseigner-Versammlung hier aber als „Hauptversammlung" bezeichnet.

[4] Bungert, E 15. Nicht näher eingegangen werden soll hier auf die Frage, ob es sich in Wirklichkeit und nach deutschem Rechtsverständnis nicht tatsächlich nur um zwei Organe, nämlich Anteilseigner-Versammlung und Verwaltungsrat, handelt.

[5] Bungert, C I 11 lit. a.

[6] Auch hier wird wegen der Einheitlichkeit der Terminologie von „Aktionären" statt von „Anteilseignern" gesprochen.

[7] Bungert, C I 8 lit. a, E 15.

[8] Bungert, C I 11 lit. c.

Kapitel 5. USA

schäftsführung vereinigt - zumindest theoretisch - die Funktionen des Vorstands und des Aufsichtsrats.[1]

Die Zahl der Mitglieder ist in den wenigsten Bundesstaaten vorgeschrieben - manche verlangen mindestens drei[2], sondern wird von den Aktionären in der Satzung bzw. den bylaws festgesetzt. Die bylaws ähneln in gewisser Weise der Geschäftsordnung des Vorstandes bzw. Aufsichtsrates einer deutschen AG. Sie sind meist ausführlicher als die Satzung selbst, können wesentlich leichter geändert werden als jene und sind nicht beim Innen-Ministerium des betreffenden Bundesstaates (Secretary of State) einzureichen.[3] Die Mitglieder des Verwaltungsrat treffen sich nur wenige Male jährlich[4] und legen die Leitlinien der Geschäftspolitik fest.[5]

Die Mitglieder des Verwaltungsrats haben grundsätzlich **Gesamt-Vertretungsmacht**.[6]

Der Verwaltungsrat überträgt die Managementfunktion, d.h. die täglichen Verwaltungs- und Organisationsaufgaben auf die Leitenden Angestellten (officers).[7] Dabei täuscht der Begriff „Leitende Angestellte" darüber hinweg, daß es sich hierbei um das eigentliche Management, also um die tatsächliche Führung des Unternehmens handelt.[8]

Der Verwaltungsrat soll die Leitenden Angestellten überwachen, kontrollieren und beraten, wobei darauf hinzuweisen ist, daß der Vorsitzende der Leitenden Angestellten, der sogenannte CEO (hierzu sogleich), in ca. 75% der Unternehmen zugleich der Vorsitzende des Verwaltungsrats ist.[9] Es liegt auf der

---

[1] Hay, 6. Kapitel, A III 1; Bungert, E 15; Hein, RIW 2002, 501, 502.
[2] Hay, 6. Kapitel, A III 2 lit. d.
[3] Bungert, C I 2 lit. a.
[4] Auch Entscheidungen im schriftlichen Verfahren oder in Telefonkonferenzen sind gestattet.
[5] Bungert, C I 9 lit. a, E 16.
[6] Bungert, C I 9 lit. b.
[7] Hein, RIW 2002, 501, 502.
[8] Vgl. Hein, RIW 2002, 501, 502 ff.
[9] Hein, RIW 2002, 501, 506. Zu Reformbestrebungen, diese beiden Ämter auch personell zu trennen: Financial Times, 23.12.2003, S. 1.

177

Hand, daß dabei in Wirklichkeit keine Kontrolle bzw. Überwachung stattfindet.[1]

3.2.2.3. Leitende Angestellte

Die Leitenden Angestellten (officers) erledigen die täglichen Geschäfte. An der Spitze der Leitenden Angestellten steht der Vorsitzende (Chief Executive Officer, Abk.: CEO, der auch „president" bezeichnet wird); andere Leitende Angstellte sind zumeist der Vize-Vorsitzende (vice-president), der für die Verwaltung zuständige Sekretär (secretary), der wichtige Dokumente gegenzeichnet und bei Bespechungen das Protokoll führt, und der Finanzverantwortliche (treasurer).[2]

Der Vorsitzende (CEO) hat in der Regel **Einzel-Vertretungsmacht** für alle Bereiche des täglichen Geschäftsablaufs, die anderen Leitenden Angestellten haben in der Regel **Einzel-Vertretungsmacht** für bestimmte thematische Bereiche.[3]

3.2.3. Vermögen und Haftung

Siehe zunächst oben 3.1.3.

Die Public Corporation kann nach ihrer Wahl bei der Gründung Nennwert-Anteile bzw. nennwertlose Anteile (no par value shares) ausgeben. Nennwert-Anteile dürfen bei der Erstausgabe nicht unter ihrem Nennwert ausgegeben werden.[4] Es ist aber darauf hinzuweisen, daß z.B. der neuere Revised Model Business Corporation Act RMBCA dem nennwertlosen System folgt, wonach es den Gründern freisteht, einen Nennwert in der Satzung festzulegen. Der Nennwert ist allerdings bedeutungslos, da die Anteile allein gegen eine Einlage ausgegeben werden, die der Verwaltungsrat bestimmt.[5]

---

[1] Hein, RIW 2002, 501, 509.
[2] Bungert, C I 9 lit. a, E 16.
[3] Bungert, C I 9 lit. b, E 17.
[4] Bungert, C I 6 lit. a.
[5] Bungert, C I 6 lit. a; Elsing/Van Alstine, RN 625.

Kapitel 5. USA

Die Summe der Nennwerte ist - vor dem Hintergrund der soeben gemachten Ausführungen zumindest theoretisch - das Mindesthaftungskapital für die Gläubiger der Corporation z.Zt. der Aktien-Ausgabe. Die auf den Nennwert erfolgte Einzahlung ist als „stated capital" auf einem besonderen Kapitalkonto zu verbuchen. Ein eventuelles Agio wird einem gesonderten Kapitalkonto (capital surplus bzw. surplus) gutgeschrieben.[1]

Bei der Ausgabe von nennwertlosen Aktien wird entweder die gesamte Gegenleistung dem Konto „stated capital" gutgeschrieben oder nur ein vom Verwaltungsrat zu bestimmtender Teil; der Rest ist dann ebenfalls wie „capital surplus" bzw. „surplus" zu behandeln.[2]

Auch der (Rück-) Erwerb eigener Anteile ist nicht so restriktiv wie bei der deutschen AG geregelt,[3] wo dem Grundsatz der Aufbringung und Erhaltung des Grundkapitals besonders Rechnung getragen wird:[4] Die Public Corporation kann ohne Zustimmung der Anteilseigner ihre eigenen Anteile zurückkaufen und in vielen Fällen neue ausgeben. Es müssen nur genügend genehmigte, aber noch nicht ausgegebene Anteile vorhanden sein. Die Public Corporation gibt dann neue Anteile aus oder bietet die zuvor zurückgekauften erneut an.[5]

Der ältere Model Business Corporation Act MBCA will Gläubiger schützen, indem es der Gesellschaft verboten wird, Zahlungen an ihre Aktionäre zu leisten, wenn die Verbindlichkeiten das Vermögen übersteigen oder die Auszahlung zur Insolvenz im gewöhnlichen Geschäftsverkehr führen würde.[6] Ganz allgemein sind aber die Kapitalerhaltungsregeln in den USA weniger strikt als in Deutschland.[7]

---

[1] Elsing/Van Alstine, RN 625.
[2] Elsing/Van Alstine, RN 625.
[3] Bungert, C I 15.
[4] Hueck, Gesellschaftsrecht, § 26 I 4
[5] Hay, 6. Kapitel, A III 2 lit. c); Bungert, C I 15.
[6] Hay, 6. Kapitel, A III 2 lit. c.
[7] Bungert, C I 11 lit. c; dort auch m.w.N. zu weiteren Einzelheiten sowie Sicherheitsmechanismen (Pflicht zur Information über anstehende Ausschüttungen, schuldrechtliche Ausschüttungsbeschränkungen bis hin zu Ausschüttungssperren), die allerdings nur für

Kapitel 5. USA

Bedeutung

Das US-amerikanische Recht räumt den Gesellschaften mehr Freiheiten ein als das deutsche und weist so den Gläubigern ein höheres Risiko zu.

3.2.4. Rechnungslegung und Publizität

Siehe zunächst oben 3.1.4.

Die Satzung schreibt zumeist die Prüfung des JahresAbschlußes durch einen von der Gesellschaft bestellten, unabhängigen Abschlußprüfer (auditor) vor. Bei größeren Public Corporations sieht die Satzung regelmäßig einen externen Ausschuß (audit committee) vor, der die Geschäftstätigkeit der Leitenden Angestellten überwacht und die Abschlußprüfer vorschlägt.[1]

3.3. Close Corporation[2]

Vergleichbar der deutschen GmbH.

Wie schon im englischen Recht, so sind auch in den USA Close Corporation und Public Corporation einander viel ähnlicher als die deutsche GmbH und die AG. Die Close Corporation ist auch gesetzestechnisch eine modifizierte Public Corporation.[3]

Deshalb werden nachfolgend nur die wesentlichen Unterschiede zwischen der Close Corporation und der Public Corporation dargestellt.

---

große Kreditgeber der Corporation in Betracht kommen. Für den deutschen Vertragspartner einer Corporation kommen daher wohl eher die gängigen Zahlungssicherungen, wie z.B. Akkreditiv (Letter of Credit, Abk.: L/C, bzw. Stand-by Letter of Credit, Abk.: Stand-by L/C) in Betracht.

[1] Bungert, C I 13, E 25.
[2] Zur Close Corporation als Joint Venture Company bzw. Incorporated Joint Venture siehe oben 2.1.7.2.
[3] Bungert, C II 1.

180

Zwar entspricht die Close Corporation der GmbH, jedoch gibt es keine allgemein verbindliche Definition der Close Corporation.[1]

3.3.1. Register und Firma

Zum **Register** siehe oben 3.1.1.

In manchen Bundesstaaten muß die Close Corporation in der Satzung als solche bezeichnet werden.[2]

Die **Firma** muß einen ausgeschriebenen oder abgekürzten Hinweis auf die auf das Gesellschaftsvermögen beschränkte Haftung enthalten. Zumeist wird „incorporated" bzw. die Abkürzung „Inc." verwandt.[3] Aber auch „corporation" bzw. „Corp.", „company" bzw. „Co." sowie "limited" bzw. "Ltd." sind üblich.[4]

Darüber hinaus ist die Bezeichnung „close corporation" nicht in die Firma aufzunehmen.[5]

3.3.2. Organe

Zur **Mitbestimmung** siehe oben 3.1.2.

Die Organe bei der Close Corporation sind grundsätzlich dieselben wie bei der Public Corporation; jedoch wird die Close Corporation - ähnlich wie bei vielen deutschen GmbH's - in den meisten Fällen von den Anteilseignern selbst geführt werden (managing shareholders), so daß sich Gesellschafter-Versammlung und Verwaltungsrat in denselben Personen vereinigen.[6] Darüber hinaus kann ein bestehender Verwaltungsrat abgewählt werden und an

---

[1] Bungert, C II 1 m.w.N.
[2] Bungert, C II 2.
[3] Bungert, E 9.
[4] Bungert, C I 3.
[5] Bungert, E 9.
[6] Bungert, C II 4, E 15.

Kapitel 5. USA

seiner Stelle können die Gesellschafter (shareholders) die Geschäftsführung übernehmen.[1]

Die Gesellschafter können aber auch durch entsprechende Vereinbarung (shareholder agreement) Angelegenheiten selbst regeln, für die eigentlich der Verwaltungsrat zuständig ist, z.B. die Dividenden-Ausschüttung oder die Bestimmung der Leitenden Angestellten.[2]

3.3.3. Vermögen und Haftung

Siehe zunächst oben 3.1.3.

Im bundesrechtlichen Kapitalmarktrecht (federal securities law) gilt eine Corporation dann als Close Corporation, wenn ihr Vermögen 5 Mio. USD nicht übersteigt.[3]

Die Zahl der Gesellschafter ist in einigen Bundesstaaten begrenzt, wobei die Begrenzung zwischen zehn und 50 schwankt.[4] Die Close Corporation hat in den meisten Fällen zwei bis drei Gesellschafter.[5]

---

[1] Hay, 6. Kapitel, A II 3.
[2] Bungert, C II 4.
[3] Bungert, C II 1.
[4] Bungert, C II 1.
[5] Bungert, C II 1.

Bedeutung

Aufgrund der Firma kann nicht darauf geschlossen werden, ob es sich um eine Public oder Close Corporation handelt. Tatsächlich unterscheiden sich die beiden Formen insbesondere hinsichtlich Vermögen und Haftung sowie der Organe auch nicht so sehr wie die deutsche AG und die GmbH.

3.3.4. Rechnungslegung und Publizität

Siehe zunächst oben 3.1.4.

Die Satzung einer Close Corporation sieht zumeist wegen der mangelnden Größe keine Abschlußprüfung vor.[1]

---

[1] Bungert, E 25.

I. Allgemein

Bernstorff, Christoph Graf von
Wirtschaftsrecht in den EU-Staaten
Stuttgart, 1998
zit.: Bernstorff

Eiselsberg, Maximilian (Hrsg.)
Gesellschaftsrecht in Europa
Wien 1997
zit.: Eiselsberg/Bearbeiter

Hohloch, Gerhard (Hrsg.)
EU-Handbuch Gesellschaftsrecht
Herne, Berlin, 1997
zit.: Hohloch/Bearbeiter

Jura Europae
Das Recht der Länder der Europäischen Gemeinschaften
Gesellschaftsrecht
München, Paris
zit.: Jura Europae, Gesellschaftsrecht

Nagel, Bernhard
Deutsches und europäisches Gesellschaftsrecht
München, 2000
zit.: Nagel

Schwappach, Jürgen (Hrsg.)
EG-Rechtshandbuch für die Wirtschaft
2. Auflage
München, 1996
zit.: Schwappach/Bearbeiter

II. Einzelne Länder

Deutschland

Hueck, Götz
Gesellschaftsrecht
19. Auflage
München, 1991
zit.: Hueck

Klunzinger, Eugen
Grundzüge des Gesellschaftsrechts
10. Auflage
München, 1997
zit.: Klunzinger

Kraft, Alfons / Kreutz, Peter
Gesellschaftsrecht
11. Auflage
Neuwied, Kriftel, 2000
zit.: Kraft/Kreutz

Memento Gesellschaften 2001
Gesellschaftsrecht, Handelsrecht, Aktienrecht
Freiburg i.B., 2000
zit.: Memento

Frankreich

Chaussade-Klein, Bernadette
Gesellschaftsrecht in Frankreich
2. Auflage
München, Berlin, 1998
zit.: Chaussade-Klein

Frank, Susanne / Wachter, Thomas
Neuere Entwicklungen im französischen GmbH-Recht
in: Recht der Internationalen Wirtschaft 2002, 11 ff.

Klein, Christian
Änderung des französischen Gesellschaftsrechts: die vereinfachte
Aktiengesellschaft (SAS) als Einmanngesellschaft
in: Recht der Internationalen Wirtschaft 1999, 750 ff.

Sonnenberger, Hans-Jürgen / Autexier, Christian
Einführung in das Französische Recht,
3. Auflage
Heidelberg, 2000
zit.: Sonnenberger/Autexier

Storp, Roger
Reform des französischen Unternehmensrechts im Rahmen des
Gesetzes über "Neue Wirtschaftliche Regulierungen" vom 15.5.2001
in: Recht der Internationalen Wirtschaft 2002, 409 ff.
zit.: Storp

Italien

Buse, Michael
Reform des italienischen Gesellschaftsrechts
in: Recht der Internationalen Wirtschaft 2002, 676 ff.
zit.: Buse

Frignani, Aldo / Elia, Giancarlo
Italian Company Law
Deventer, Mailand, 1992
zit.: Frignani/Elia

Hofmann, Michael A.
Gesellschaftsrecht in Italien
München, Berlin, 1993
zit.: Hofmann

Kindler, Peter
Einführung in das italienische Recht
München, 1993
zit.: Kindler

Kindler, Peter
Italienisches Handels- und Wirtschaftsrecht
Heidelberg, 2002
zit.: Kindler, Wirtschaftsrecht

Weigmann, Roberto
Aspekte des italienischen Gesellschaftsrechts unter besonderer
Berücksichtigung der börsennotierten Aktiengesellschaft als eines
neuen Gesellschaftstyps
in: Festschrift für Marcus Lutter zum 70. Geburtstag, S. 203 - 212
Hrsg: Uwe H. Schneider

Köln, 2000
zit.: Weigmann

Großbritannien

Güthoff, Julia
Gesellschaftsrecht in Großbritannien
2. Auflage
München, 1998
zit.: Güthoff

Triebel, Volker / Hodgson, Stephen / Kellenter, Wolfgang / Müller, Georg
Englisches Handels- und Wirtschaftsrecht
2. Auflage
Heidelberg, 1995
zit.: Triebel u.a.

Triebel, Volker / Karsten, Lars
Limited Liability Partnerships Act 2000 - maßgeschneiderte Rechtsform für freie Berufe?
in: Recht der Internationalen Wirtschaft 2001, 1 ff.

USA

Bungert, Hartwin
Gesellschaftsrecht in USA
2. Auflage
München, 1999
zit.: Bungert

Literatur-Verzeichnis

Elsing, Siegfried H. / Van Alstine, Michael P.
US-amerikanisches Handels- und Wirtschaftsrecht
2. Auflage
Heidelberg, 1999
zit.: Elsing/Van Alstine

Hay, Peter
U.S.-amerikanisches Recht
München, 2000
zit.: Hay

Hein, Jan von
Die Rolle des US-amerikanischen CEO gegenüber dem Board of
Directors im Lichte neuerer Entwicklungen
in: Recht der Internationalen Wirtschaft 2002 (7), 501
zit.: Hein

Merkt, Hanno
US-amerikanisches Gesellschaftrecht
Heidelberg, 1991
zit.: Merkt

Außen-Gesellschaft
Sie ist, im Gegensatz zu der => Innen-Gesellschaft, gerade darauf gerichtet, im Geschäftsverkehr als Gesellschaft aufzutreten.

Drittorganschaft
Sie liegt vor, wenn per Gesellschaftsvertrag alle Gesellschafter von der Geschäftsführung und / oder von der Vertretung ausgeschlossen sind und einem Nicht-Gesellschafter das gesellschaftsvertragliche Recht und die Pflicht zur => Geschäftsführung und / oder zur => Vertretung übertragen wurde.[1]

Geschäftsführung
Unter Geschäftsführung versteht man die auf die Verfolgung des Gesellschaftszwecks gerichtete Tätigkeit für die Gesellschaft.[2] Sie betrifft das (Innen-) Verhältnis der zur Geschäftsführung Berechtigten zueinander, d.h. was der einzelne zur Geschäftsführung Berechtigte im Verhältnis zu den anderen zur Geschäftsführung Berechtigten hinsichtlich der Verfolgung des Gesellschaftszwecks tun darf und zu tun verpflichtet ist.
Bei den deutschen Personengesellschaften sind grundsätzlich die Gesellschafter zur Geschäftsführung berechtigt, bei den Kapitalgesellschaften die Geschäftsführer.
Gesamt-Geschäftsführung liegt vor, wenn die Geschäftsführung allen zur Geschäftsführung Berechtigten zusteht, d.h. zu jedem Geschäft ist die Zustimmung aller zur Geschäftsführung Berechtigten erforderlich.

Gesellschafter-Wechsel
Ausscheiden eines Gesellschafters, das Eintreten eines neuen Gesellschafters sowie die Übertragung eines Gesellschaftsanteils von einem bisherigen Gesellschafter auf einen neuen.

Haftung
Das deutsche Haftungssystem unterscheidet Haftung streng nach folgenden Aspekten, wobei diese Unterschiede vor allem bei den vollhaftenden Gesellschaftern von Personenhandelsgesellschaften zum Tragen kommen:

---
[1] Kraft/Kreutz, D II 2 lit. c cc.
[2] Hueck, § 8 I 1.

Glossar

Primäre Haftung
Ein Gläubiger kann sich mit seinem Anspruch sofort an einen Gesellschafter wenden, er braucht nicht zuvor die Gesellschaft in Anspruch genommen zu haben; dem Gesellschafter steht also nicht wie dem Bürgen eine Art „Einrede der Vorausklage" zu.

Unmittelbare Haftung
Dabei kann der Gläubiger jeden Gesellschafter direkt in Anspruch nehmen und nicht auf dem Umweg über die Gesellschaft, z.B. über eine Nachschußpflicht.[3]

Unbeschränkte Haftung
Jeder Gesellschafter haftet den Gläubigern mit seinem gesamten Vermögen, also auch mit seinem Privatvermögen, und nicht nur mit seiner in die Gesellschaft eingebrachten Einlage.

Unbeschränkbare Haftung
Diese Haftung kann nicht durch Gesellschaftsvertrag Dritten gegenüber beschränkt werden.

Gesamtschuldnerische Haftung
Jeder Gesellschafter haftet dem Gläubiger in voller Höhe des Anspruchs, seine Haftung ist nicht etwa quotal gemäß seiner Beteiligung an der Gesellschaft beschränkt.

Akzessorische Haftung
Ändert sich die Verbindlichkeit der Gesellschaft, etwa durch Leistungsstörung, Erfüllung oder Aufrechnung, so ändert sich die Haftung der Gesellschafter entsprechend.

Handelsgesellschaft
Handelsgesellschaften sind als Personenhandelsgesellschaften die OHG sowie die KG, als Kapitalgesellschaften die AG und die GmbH.

Innen-Gesellschaft
Eine Innen-Gesellschaft liegt vor, wenn die Gesellschaft nach außen, d.h. im Geschäftsverkehr, nicht als solche auftreten soll, sondern die Gesellschafter nur untereinander gesellschaftsrechtlich verbunden sind. Wichtigstes Beispiel für die Innen-Gesellschaft ist eben die Stille Gesellschaft: Nur

---

[3] Die Unterscheidung zwischen primärer und unmittelbarer Haftung ist insbesondere für Nicht-Juristen nur schwer verständlich und soll deshalb über das Gegenteil näher erklärt werden: Der Gesellschafter haftete primär aber nur mittelbar, wenn sich der Gesellschaftsgläubiger zwar sofort an den Gesellschafter halten könnte und nicht zuerst an die OHG halten müßte (primär), den Gesellschafter aber nur zum Nachschuß in das OHG-Vermögen (mittelbar) verpflichten könnte. Oder andersherum: Der Gesellschafter haftete nur sekundär, wenn der Gesellschaftsgläubiger zuerst gegen die OHG vorgehen müßte, nach erfolglosem Vorgehen gegen die OHG sich aber direkt an den Gesellschafter halten könnte (unmittelbar).

der Kaufmann, der sein Unternehmen im eigenen Namen bzw. unter eigener Firma führt, tritt im Geschäftsverkehr in Erscheinung, nicht aber der Kapitalgeber.
Gegenteil der Innen-Gesellschaft ist die => Außen-Gesellschaft.

Kapitalgesellschaft
Bei der Kapitalgesellschaft steht die Kapitalbeteiligung im Vordergrund, weshalb ein ziffernmäßig festgelegtes Grund- bzw. Stammkapital charakteristisch ist. Da das Kapital unpersönlich ist, kommt es viel weniger auf die Persönlichkeit des Gesellschafters an als bei der Personengesellschaft. Aus diesem Grunde kann der Kapitalanteil grundsätzlich frei veräußert werden. Für die Gesellschaftsverbindlichkeiten haftet nur das Gesellschaftsvermögen, grundsätzlich nicht die Gesellschafter. Persönliche Mitarbeit der Gesellschafter ist im allgemeinen nicht erforderlich, wenn auch, wie z.B. bei der GmbH, nicht vollkommen unüblich; die Geschäfte werden durch besondere Organe geführt (=> Dritt-Organschaft).
Kapitalgesellschaften sind
Aktiengesellschaft (AG)
Gesellschaft mit beschränkter Haftung (GmbH)

Personenhandelsgesellschaft
=> Personengesellschaft

Personengesellschaft
Die Personengesellschaft baut auf den Persönlichkeiten der einzelnen Gesellschafter auf. Die Mitgliedschaft ist auf die Person zugeschnitten und deshalb ohne Zustimmung der anderen Gesellschafter grundsätzlich nicht übertragbar. Persönliche Mitarbeit und persönliche Haftung für die Gesellschaftsverbindlichkeiten spielen eine entscheidende Rolle. In manchen Ländern, z.B. Deutschland und Italien, können die Geschäfte nur von den Gesellschaftern geführt werden (Selbst-Organschaft), in anderen können sie zwar wie bei der Kapitalgesellschaft (siehe hierzu sogleich) auch von Dritten geführt werden, wie z.B. in Frankreich, werden aber auch dort zumeist von den Gesellschaftern geführt.
Personengesellschaften sind
Gesellschaft bürgerlichen Rechts (GbR)
Stille Gesellschaft
Offene Handelsgesellschaft (OHG)
Kommanditgesellschaft (KG). Auch die GmbH & Co. KG ist eine KG mit der Besonderheit, dass der persönlich haftende Komplementär eine GmbH ist.
OHG und KG werden auch als Personenhandelsgesellschaft bezeichnet.

Glossar

Selbstorganschaft
Von Selbstorganschaft spricht man, wenn zumindest ein Gesellschafter
unbeschränkt zur Geschäftsführung und Vertretung berechtigt und verpflichtet ist.
Das Gegenteil der Selbstorganschaft ist die => Drittorganschaft.

Vertretungsmacht
Nach der Vertretungsmacht richtet sich, zu welchen Handlungen der Ver-
tretungsberechtigte im Namen der Gesellschaft gegenüber Dritten berech-
tigt ist.
Gesamt-Vertretung liegt vor, wenn die Vertretungsbefugnis nur von allen
Vertretungsberechtigten zugleich ausgeübt werden kann.
Von **echter Gesamt-Vertretung** spricht man, wenn bei Personengesell-
schaften nur den Gesellschaftern die Gesamt-Vertretung zusteht, bei Ka-
pitalgesellschaften nur den Geschäftsführern.
Von **unechter Gesamt-Vertretung** spricht man, wenn bei Personengesellschaften die Vertretungsmacht einem Gesellschafter und einem Nicht-
Gesellschafter gemeinsam zusteht, bei Kapitalgesellschaften, wenn einem
Geschäftsführer und einem Nicht-Geschäftsführer die Vertretungsmacht
gemeinsam zusteht.

www.ingramcontent.com/pod-product-compliance
Lightning Source LLC
Chambersburg PA
CBHW061214220326
41599CB00025B/4635